COLLECTION JULES GERBEAU

Objets d'Art et d'Ameublement

OBJETS D'ART & DE CURIOSITÉ

CHINOIS & EUROPÉENS

CONDITIONS DE LA VENTE

Elle sera faite au comptant.

Les acquéreurs paieront *dix pour cent* en sus des enchères.

L'exposition mettant le public à même de se rendre compte de l'état et de la nature des objets, il ne sera admis aucune réclamation une fois l'adjudication prononcée.

Paris. — Imp. Georges Petit, 12, rue Godot-de-Mauroi. — 18641-08.

CATALOGUE

DES

OBJETS D'ART & DE CURIOSITÉ

CHINOIS & EUROPÉENS

PORCELAINES & MATIÈRES DURES

Collection de Flacons-Tabatières

ÉMAUX CLOISONNÉS

DE TRAVAIL CHINOIS

FAIENCES ORIENTALES

BOIS SCULPTÉS — PENDULES — MEUBLES — VITRINES

TAPISSERIES

DE TRAVAIL EUROPÉEN

Dépendant de la

COLLECTION JULES GERBEAU

ET DONT LA VENTE, PAR SUITE DE SON DÉCÈS, AURA LIEU A PARIS

HOTEL DROUOT, Salles Nᵒˢ 5 & 6

Du Jeudi 30 Avril au Mercredi 6 Mai 1908

à 2 heures

COMMISSAIRES-PRISEURS

Mᵉ PAUL BIZOUARD	Mᵉ HENRI BAUDOIN
18, rue Duphot, 18	Successeur de Mᵉ PAUL CHEVALLIER
PARIS	10, rue Grange-Batelière, 10

EXPERTS

MM. MANNHEIM

7, rue Saint-Georges, 7

EXPOSITIONS

PARTICULIÈRE : *Le Mardi 28 Avril 1908, de 1 heure 1/2 à 5 heures 1/2*
PUBLIQUE : *Le Mercredi 29 Avril 1908, de 1 heure 1/2 à 5 heures 1/2*

ORDRE DES VACATIONS

Le Jeudi 30 Avril 1908.

Nᵒˢ

Flacons-tabatières	322 à 356
Jades, Cristaux de roche, etc..	183 à 218
Porcelaines de Chine.	1 à 45

Le Vendredi 1ᵉʳ Mai 1908.

Flacons-tabatières (suite)	357 à 385
Jades, Cristaux de roche, etc. *suite*	219 à 255
Porcelaines de Chine *suite)*	46 à 100

Le Samedi 2 Mai 1908.

Flacons-tabatières *suite*	386 à 421
Jades, Cristaux de roche, etc. *suite*	256 à 290
Porcelaines de Chine *suite)*	101 à 145

Le Lundi 4 Mai 1908.

Flacons-tabatières *(fin*	422 à 444
Jades, Cristaux de roche, etc. *fin*	291 à 321
Porcelaines de Chine *(fin*	146 à 172
Céramique chinoise et japonaise.	173 à 182
Émaux cloisonnés de la Chine.	445 à 470

Le Mardi 5 Mai 1908.

Faïences.	471 à 525
Bois sculptés	526 à 577

Le Mercredi 6 Mai 1908.

Sculptures, Objets variés	578 à 621
Pendules, Bronzes	622 à 635
Meubles, Vitrines	636 à 657
Tapisseries.	658 à 670

DÉSIGNATION

PORCELAINES DE CHINE

1 — POTICHE décorée d'une scène familiale à nombreux personnages. Ancienne porcelaine de Chine. Époque des Ming.

Haut.. 33 cent.

2 — POTICHE ornée de compartiments contenant chacun un poisson. Épaulement à imbrications, culot vermiculé à fleurs. Ancienne porcelaine de Chine. Époque des Ming.

Haut.. 25 cent.

3 — POTICHE ornée d'une scène familiale dans un jardin. Ancienne porcelaine de Chine. Époque des Ming.

Haut.. 30 cent.

4 — AUTRE analogue à la précédente. Ancienne porcelaine de Chine. Époque des Ming.

Haut.. 30 cent.

5 — DEUX POTICHES décorées de scènes familiales : enfants jouant dans un jardin. Ancienne porcelaine de Chine. Époque des Ming.

Haut.. 40 cent.

6 — STATUETTE de Kouan-Ti, dieu de la guerre, assis, ayant à ses pieds une tortue. Ancienne porcelaine de Chine, émaillée bleu turquoise et violet aubergine, sur biscuit. Époque des Ming.

Haut., 34 cent.

7 — PLAT creux, orné d'un cerf axis dans un paysage. Ancienne porcelaine de Chine, portant le nien-hao de Siouen-Te (1426-1435).

Diam., 34 cent.

8 — PLAT creux, présentant une audience de mandarin, marli carrelé à réserves. Ancienne porcelaine de Chine, portant le nien-hao de Siouen-Te.

Diam., 37 cent.

9 — COUPE décorée d'arbustes en fleurs et d'oiseaux ; rehauts de dorure. Ancienne porcelaine de Chine, portant le nien-hao de Tching-Hoa (1465-1487).

Diam., 22 cent.

10 — VASE présentant une audience de mandarin ; décor bleu sur fond jaune. Ancienne porcelaine de Chine, portant le nien-hao de Tching-Hoa.

Haut., 42 cent.

11 — DEUX POTICHES avec leurs couvercles décorées de branches fleuries en rouge de fer rehaussé de dorure. Ancienne porcelaine de Chine, portant le nien-hao de Tching-Hoa.

Haut., 45 cent.

12 — VASE à panse obconique et col évasé, présentant, sur la panse, les trois dieux de la trinité taoïque accompagnés d'enfants ; au fond, des rochers. Le col est orné de feuilles et de caractères d'écriture et est relié à la panse par un épaulement oblique à carrelages interrompus par quatre médaillons contenant des animaux. Ancienne porcelaine de Chine, portant le nien-hao de Tching-Hoa.

Haut., 45 cent.

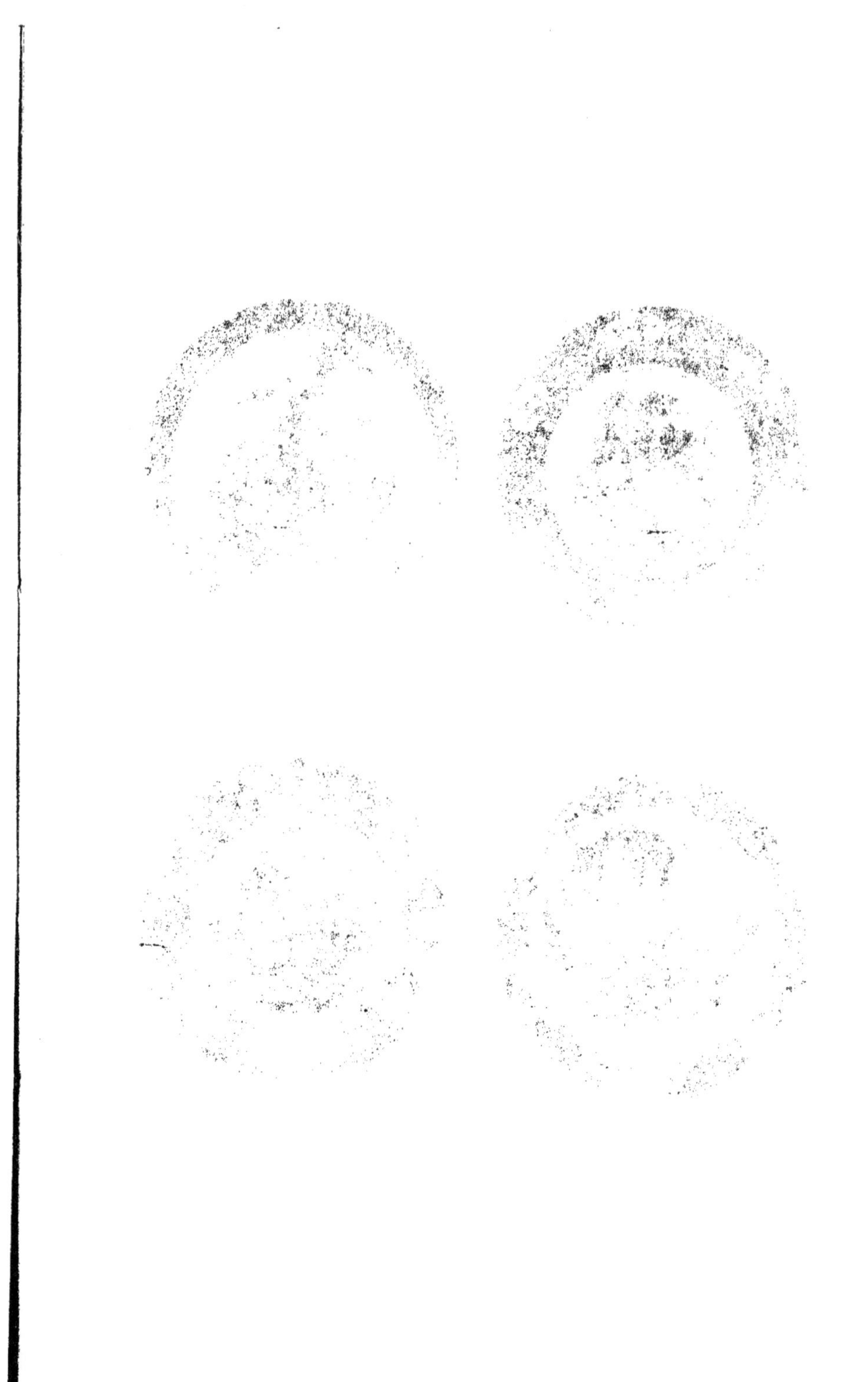

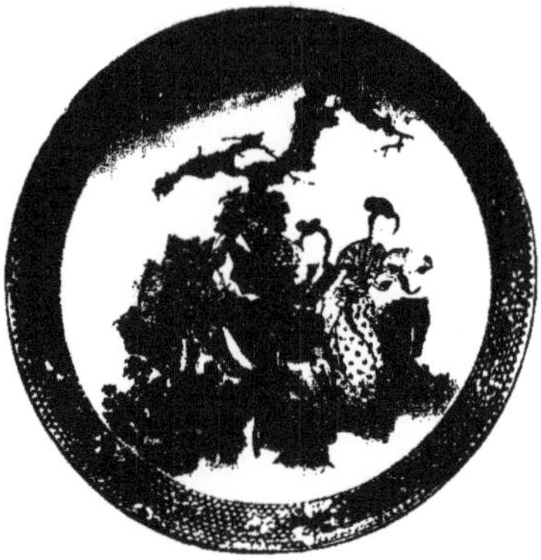

24

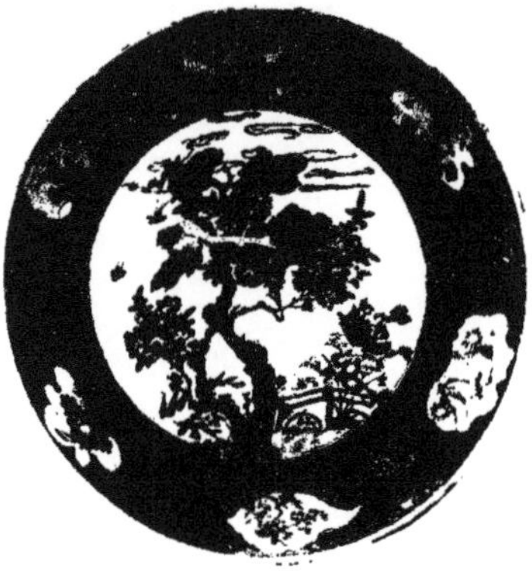

16

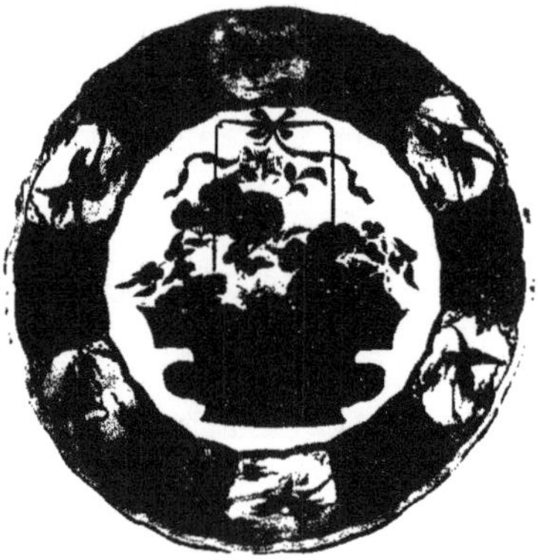

19

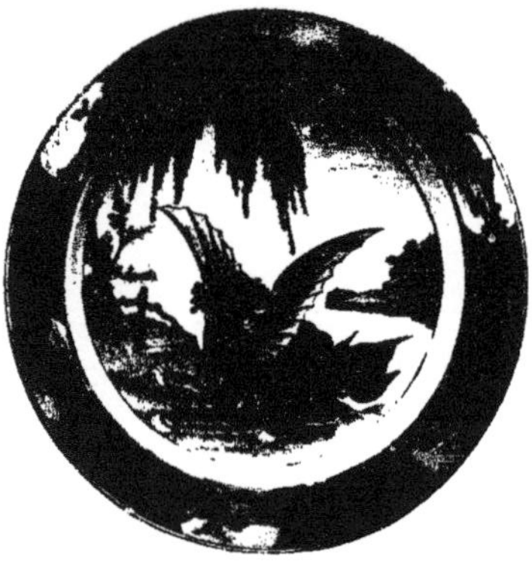

20

13 — Cornet à col évasé et renflement médian, présentant, sur le col et le renflement, des scènes familiales ainsi que des plantes ; la base est ornée d'ustensiles ; les personnages sont vêtus de costumes noirs, verts et rouges, rehaussés de dorure. Ancienne porcelaine de Chine, portant le nien-hao de Tching-Hoa.

Haut., 39 cent.

14 — Vase balustre, à col évasé, orné de quatre réserves irrégulières, à paysages et arbustes, se détachant sur un fond piqueté chargé de fleurs et feuilles ; sur le col, de larges feuilles. Ancienne porcelaine de Chine, portant le nien-hao de Tching-Hoa.

Haut., 40 cent.

15 — Plat creux, orné d'une corbeille de fleurs. Ancienne porcelaine de Chine. Époque Kang-Hi (1662-1722).

Diam., 37 cent.

16 — Plat creux, décoré d'une haie fleurie et d'un arbre ; chute à réserves sur fond vert vermiculé, masqué par un treillis émaillé rouge de fer. Rehauts de dorure. Ancienne porcelaine de Chine. Époque Kang-Hi.

Diam., 39 cent.

17 — Deux plats creux, ornés de branches fleuries et d'insectes. Ancienne porcelaine de Chine. Époque Kang-Hi.

Diam., 35 cent.

18 — Plat creux, décoré de quatre animaux chimériques avec petit paysage au centre. Ancienne porcelaine de Chine. Époque Kang-Hi.

Diam., 33 cent.

19 — Plat creux, orné d'une corbeille de fleurs ; chute décorée de grues et de compartiments carrelés. Ancienne porcelaine de Chine. Époque Kang-Hi.

Diam., 36 cent.

20 — **Plat** décoré d'un animal chimérique aux ailes déployées. Rehauts de dorure. Ancienne porcelaine de Chine. Époque Kang-Hi.

Diam., 35 cent.

21 — **Plat** creux, orné de fleurs et de papillons. Ancienne porcelaine de Chine. Époque Kang-Hi.

Diam., 34 cent.

22 — **Plat** creux. orné d'un kilin et d'un fong-hoang entourés de fleurs et d'animaux variés. Marli carrelé à papillons. Ancienne porcelaine de Chine. Époque Kang-Hi.

Diam., 37 cent.

23 — **Plat** décoré d'un enfant au milieu de compartiments rayonnants à fleurs. Ancienne porcelaine de Chine. Époque Kang-Hi.

Diam., 39 cent.

24 — **Plat** creux. décoré de deux femmes auprès du cerf axis ; bordure carrelée à papillons. Ancienne porcelaine de Chine. Époque Kang-Hi.

Diam., 38 cent.

25 — **Plat** orné d'oiseaux sur un arbre, marli carrelé. Ancienne porcelaine de Chine. Époque Kang-Hi.

Diam., 39 cent.

26 — **Deux plats** creux, présentant deux femmes dans un jardin ; rehauts de dorure. Ancienne porcelaine de Chine. Époque Kang-Hi.

Diam., 39 cent.

27 — **Plat** creux, présentant une haie fleurie et deux fong-hoang. Ancienne porcelaine de Chine. Époque Kang-Hi.

Diam., 40 cent.

28 — PLAT creux, décoré d'un oiseau et de fleurs. Ancienne porcelaine de Chine. Époque Kang-Hi.

Diam., 39 cent.

29 — COMPOTIER décoré d'un dragon. Ancienne porcelaine de Chine. Époque Kang-Hi.

Diam., 27 cent.

30 — ASSIETTE, oiseau sur un bambou. Ancienne porcelaine de Chine. Époque Kang-Hi.

Diam., 21 cent.

31 — ASSIETTE, oiseau, rochers et fleurs. Ancienne porcelaine de Chine. Époque Kang-Hi.

Diam.. 22 cent

32 — PETIT PLAT présentant une corbeille de fleurs. Ancienne porcelaine de Chine. Époque Kang-Hi.

Diam.. 27 cent.

33 — DEUX PETITS PLATS décorés de personnages, avec fleurs et ustensiles, au marli. Ancienne porcelaine de Chine. Époque Kang-Hi.

Diam.. 27 cent.

34 — DEUX PETITS PLATS décorés de branches fleuries et d'oiseaux avec ustensiles et carrelages au marli. Ancienne porcelaine de Chine. Époque Kang-Hi.

Diam., 27 cent.

35 — DEUX PETITS PLATS décorés chacun d'une scène familiale; fleurs et ustensiles au marli. Ancienne porcelaine de Chine. Époque Kang-Hi.

Diam.. 27 cent.

36 — PLAT creux, présentant un combat de trois cavaliers au bord de la mer. Ancienne porcelaine de Chine. Époque Kang-Hi.

Diam., 35 cent.

37 — PLAT creux, rochers, fleurs et insectes. Ancienne porcelaine de Chine. Époque Kang-Hi.

Diam., 35 cent.

38 — PLAT creux, présentant des guerriers saluant deux personnages qui les contemplent du haut d'un mur. Ancienne porcelaine de Chine. Époque Kang-Hi.

Diam., 35 cent.

39 — PLAT creux, orné de plantes aquatiques. Ancienne porcelaine de Chine, portant le nien-hao de Kang-Hi.

Diam., 34 cent.

40 — PLAT creux, décoré de rochers, arbustes et oiseaux. Ancienne porcelaine de Chine. Époque Kang-Hi.

Diam., 38 cent.

41 — PLAT creux, orné de femmes faisant de la musique, avec scènes familiales alentour. Ancienne porcelaine de Chine, époque Kang-Hi.

Diam., 35 cent.

42 — PLAT creux, orné d'un arbre fleuri et deux oiseaux. Ancienne porcelaine de Chine, époque Kang-Hi.

Diam., 35 cent.

43 — PLAT creux, orné de personnages contemplant des tigres du haut d'un rocher. Ancienne porcelaine de Chine, époque Kang-Hi.

Diam., 36 cent.

44 — PLAT orné d'un kilin et d'un fong-hoang. Marli carrelé à huit réserves. Ancienne porcelaine de Chine, époque Kang-Hi.

Diam., 36 cent.

45 — **Deux plats** octogones, décorés de personnages : marlis à
quatre réserves, papillons sur fond vert piqueté noir et
à fleurs. Ancienne porcelaine de Chine, époque Kang-Hi.

Diam., 35 cent.

46 — **Plat** creux, décoré de fleurs et papillons. Ancienne
porcelaine de Chine, époque Kang-Hi.

Diam., 35 cent.

47 — **Plat** décoré, au fond, d'un paysage entouré de quatre
réserves à ustensiles, oiseaux et branchages; marli à quatre
réserves sur fond carrelé. Ancienne porcelaine de Chine,
époque Kang-Hi.

Diam., 36 cent.

48 — **Plat** décoré d'un kilin et d'un fong-hoang dans un paysage. Marli à six réserves à fleurs, avec carrelages variés.
Ancienne porcelaine de Chine, époque Kang-Hi.

Diam., 38 cent.

49 — **Plat** creux décoré de guerriers dans un jardin. Bordure
carrelée à réserves. Ancienne porcelaine de Chine, époque
Kang-Hi.

Diam., 35 cent.

50 — **Plat** creux, plantes aquatiques et oiseaux. Ancienne
porcelaine de Chine, époque Kang-Hi.

Diam., 36 cent.

51 — **Plat** creux, rochers, fleurs et oiseaux. Ancienne porcelaine de Chine, époque Kang-Hi.

Diam., 35 cent.

52 — **Vase** rouleau présentant, sur fond gris verdâtre, les Pa-
Chen et Cheou-Lao, en bleu et rouge de cuivre. Ancienne
porcelaine de Chine, époque Kang-Hi.

Haut., 45 cent.

53 — **Vase** à col évasé, décoré d'une figure de Cheou-Lao auprès du cerf, en bleu et rouge de cuivre sur fond gris verdâtre. Ancienne porcelaine de Chine, époque Kang-Hi.

Haut., 46 cent.

54 — **Cornet** à panse renflée, décoré sur la panse et le col d'un cortège de mandarins. Décor bleu. Ancienne porcelaine de Chine, époque Kang-Hi.

Haut., 46 cent.

55 — **Cornet** à panse renflée et col évasé, présentant, sur la panse et le col, des guerriers combattant, ceux du col mis en fuite par une divinité debout sur les nuées. Fond de paysage. Ancienne porcelaine de Chine. Époque Kang-Hi.

Haut., 46 cent.

56 — **Grand vase** quadrilatéral, décoré, sur chaque face, d'une scène familiale et, sur le col, de paysages. Épaulement à fleurs. Ancienne porcelaine de Chine, époque Kang-Hi.

Haut., 67 cent.

57 — **Deux potiches** décorées d'un cortège de personnages dans un paysage. Ancienne porcelaine de Chine, époque Kang-Hi.

Haut., 32 cent.

58 — **Cornet** à renflement médian, présentant une audience de mandarin. A la base, sujet analogue. Ancienne porcelaine de Chine, époque Kang-Hi.

Haut., 46 cent.

59 — **Pot** avec couvercle, décoré de fleurs de pêcher réservées en blanc sur fond caillouté bleu. Ancienne porcelaine de Chine, époque Kang-Hi.

Haut., 21 cent.

60 — **Vase-rouleau** décoré d'habitations et d'inscriptions en dorure sur fond bleu fouetté. Ancienne porcelaine de Chine, époque Kang-Hi.

Haut., 45 cent.

61 — **Cornet** à panse renflée, décoré de grands compartiments et de petites réserves à paysages, oiseaux et insectes, se détachant sur un fond vert pâle chargé de fleurs. Ancienne porcelaine de Chine, époque Kang-Hi.

Haut., 46 cent.

62 — **Vase-rouleau** orné de deux grands compartiments et de réserves contenant un paysage animé, des fong-hoang et et des oiseaux variés et se détachant sur un fond vert carrelé et chargé de salamandres en rouge de fer. Ancienne porcelaine de Chine, époque Kang-Hi.

Haut., 33 cent.

63 — **Vase-rouleau** décoré de guerriers à pied et à cheval dans un paysage montagneux ; bambous sur le col. Ancienne porcelaine de Chine, époque Kang-Hi.

Haut., 46 cent.

64 — **Vase-rouleau** décoré de réserves contenant des paysages, des personnages, des ustensiles et des inscriptions et se détachant sur fond carrelé vert. Zône de dragons en rouge de fer sur le col. Ancienne porcelaine de Chine, époque Kang-Hi.

Haut., 44 cent.

65 — **Vase-rouleau** décoré de deux grands compartiments et de réserves contenant des branches fleuries et des dragons et se détachant sur un fond vert chargé d'ustensiles et piqueté de noir. Ancienne porcelaine de Chine, époque Kang-Hi.

Haut., 45 cent.

66 — Cornet à panse renflée, décoré de grands compartiments contenant chacun un oiseau perché sur une branche fleurie. Ancienne porcelaine de Chine, époque Kang-Hi.

Haut., 45 cent.

67 — Cornet à panse renflée, décoré de fong-hoang volant au milieu de branches fleuries. Ancienne porcelaine de Chine, époque Kang-Hi.

Haut., 45 cent.

68 — Cornet à panse renflée, décoré d'arbustes en fleurs, de rochers et d'oiseaux. Ancienne porcelaine de Chine, époque Kang-Hi.

Haut., 46 cent.

69 — Deux potiches, présentant chacune un paysage avec habitations, personnages et inscriptions. Ancienne porcelaine de Chine, époque Kang-Hi.

Haut., 45 cent.

70 — Vase quadrilatéral à col évasé et base légèrement oblique, décoré, sur chaque face, de personnages dans des paysages avec bordure de fleurs. Sur le col, des réserves en forme de fruits ou de feuilles, présentant également des personnages. Sur la base, des ustensiles. Ancienne porcelaine de Chine, époque Kang-Hi.

Haut., 47 cent.

71 — Deux potiches avec leurs couvercles, décorées chacune de larges réserves présentant des arbustes en fleurs et se détachant sur un fond rouge de fer chargé de chrysanthèmes. Ancienne porcelaine de Chine, époque Kang-Hi.

Haut., 42 cent.

72 — Petit vase émaillé bleu fouette. Ancienne porcelaine de Chine, époque Kang-Hi.

Haut., 25 cent.

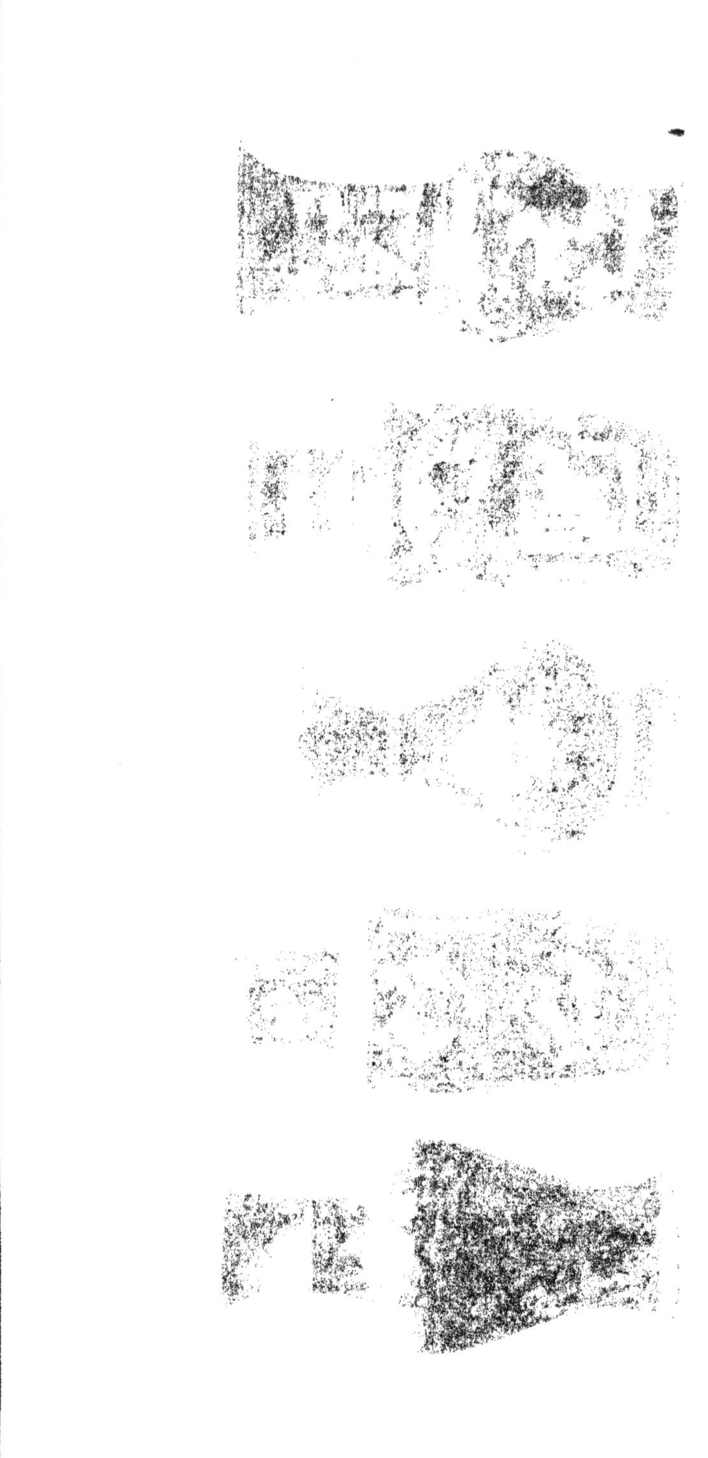

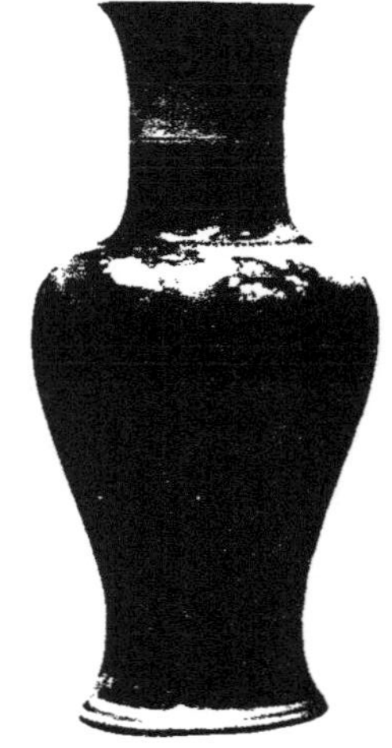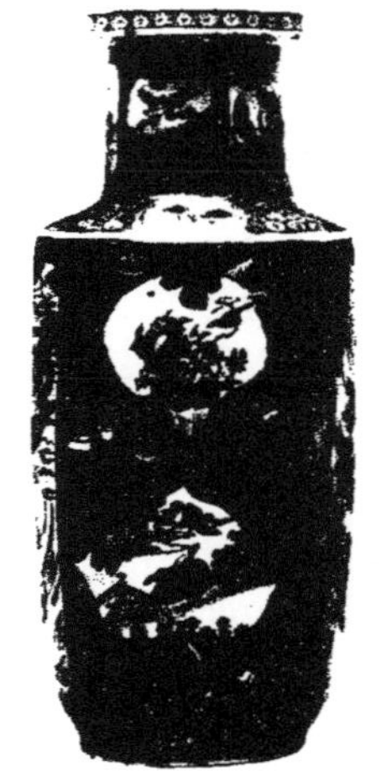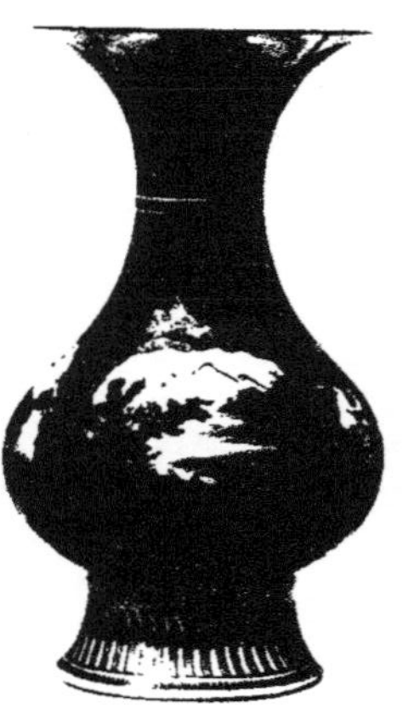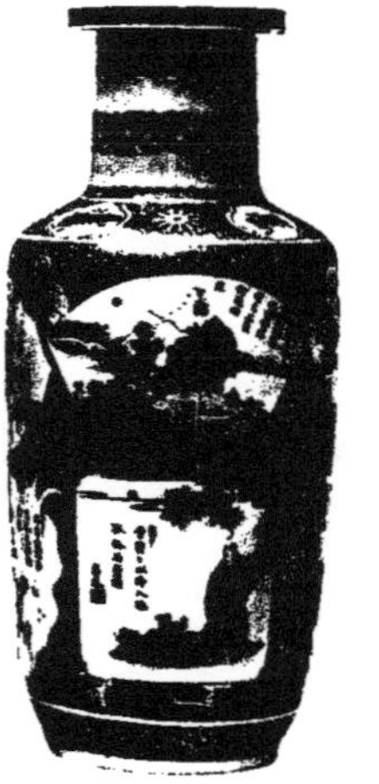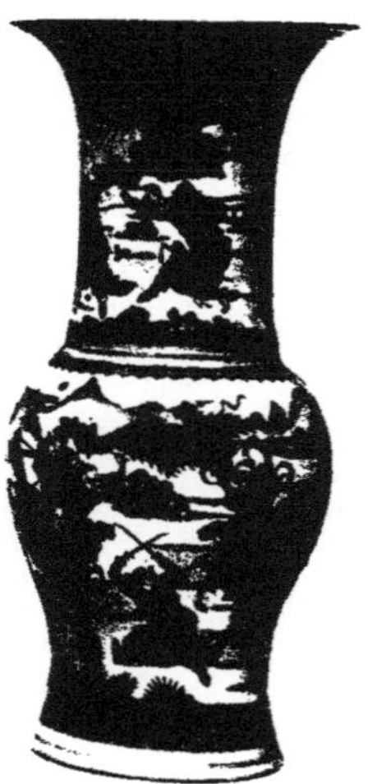

81
65
14
64
55

73 — **Petit vase-rouleau**, présentant deux personnages dans un paysage. Ancienne porcelaine de Chine, époque Kang-Hi.

Haut., 25 cent.

74 — **Vase** quadrilatéral à col évasé, présentant sur chaque face des rochers et des fleurs en bleu et rouge de cuivre. Nien-hao de Kang-Hi. Ancienne porcelaine de Chine.

Haut., 55 cent.

75 — **Vase** quadrilatéral à col légèrement évasé, orné sur chaque face de réserves irrégulières contenant des arbustes, des animaux et des ustensiles, et se détachant sur un fond piqueté chargé de fleurs et d'insectes. Col vermiculé à médaillon quadrilobé. Marque à la feuille. Ancienne porcelaine de Chine, époque Kang-Hi.

Haut., 48 cent.

76 — **Vase** à col évasé, présentant des arbustes en fleurs, décor en bleu. Marque à la feuille. Ancienne porcelaine de Chine, époque Kang-Hi.

Haut., 45 cent.

77 — **Vase-rouleau**, présentant deux grands compartiments, ornés de pagodes et d'imbrications, et se détachant sur un fond piqueté chargé de fleurs et de réserves variées ; paysage au col. Ancienne porcelaine de Chine, époque Kang-Hi.

Haut., 43 cent.

78 — **Petit vase** à col évasé, présentant un groupe de personnages accompagnés du fong-hoang et du kilin, et à qui l'un d'eux montre un dragon apparaissant au ciel. Un caractère d'écriture doré est tracé au milieu d'une fumée s'échappant d'un brûle-parfums. Épaulement carrelé, paysage au col. Ancienne porcelaine de Chine, époque Kang-Hi.

Haut., 28 cent.

2

79 — Vase quadrilatéral : panse présentant sur une face le cerf axis dans un paysage, sur les autres faces, les flots de la mer sur lesquels se détachent des dragons à quatre griffes, des poissons et des rochers supportant des arbustes et des oiseaux. Ancienne porcelaine de Chine, époque Kang-Hi. Col moderne.

Haut., 49 cent.

80 — Vase-rouleau, présentant de nombreuses femmes faisant de la musique. Sur le col, des bambous ; sur l'épaulement, des rinceaux. Ancienne porcelaine de Chine, époque Kang-Hi.

Haut., 44 cent.

81 — Vase à panse turbinée et col légèrement évasé, présentant des pêchers en fleurs. Décor bleu. Ancienne porcelaine de Chine, époque Kang-Hi.

Haut., 46 cent.

82 — Vase-rouleau orné d'abustes sur lesquels sont perchés des oiseaux ; sur le col, caractères d'écriture en forme de cachets, se détachant sur un fond carrelé. Ancienne porcelaine de Chine, époque Kang-Hi.

Haut., 45 cent.

83 — Vase à col légèrement évasé, présentant deux personnages combattant à la lance en présence de plusieurs guerriers. Sur le col, deux animaux, des feuilles et des rochers. Ancienne porcelaine de Chine, époque Kang-Hi.

Haut., 43 cent.

84 — Vase-rouleau présentant des arbustes chargés de fleurs, des rochers et deux oiseaux. Carrelages et bambous à l'épaulement et bambous au col ; rehauts de dorure. Ancienne porcelaine de Chine, époque Kang-Hi.

Haut., 44 cent.

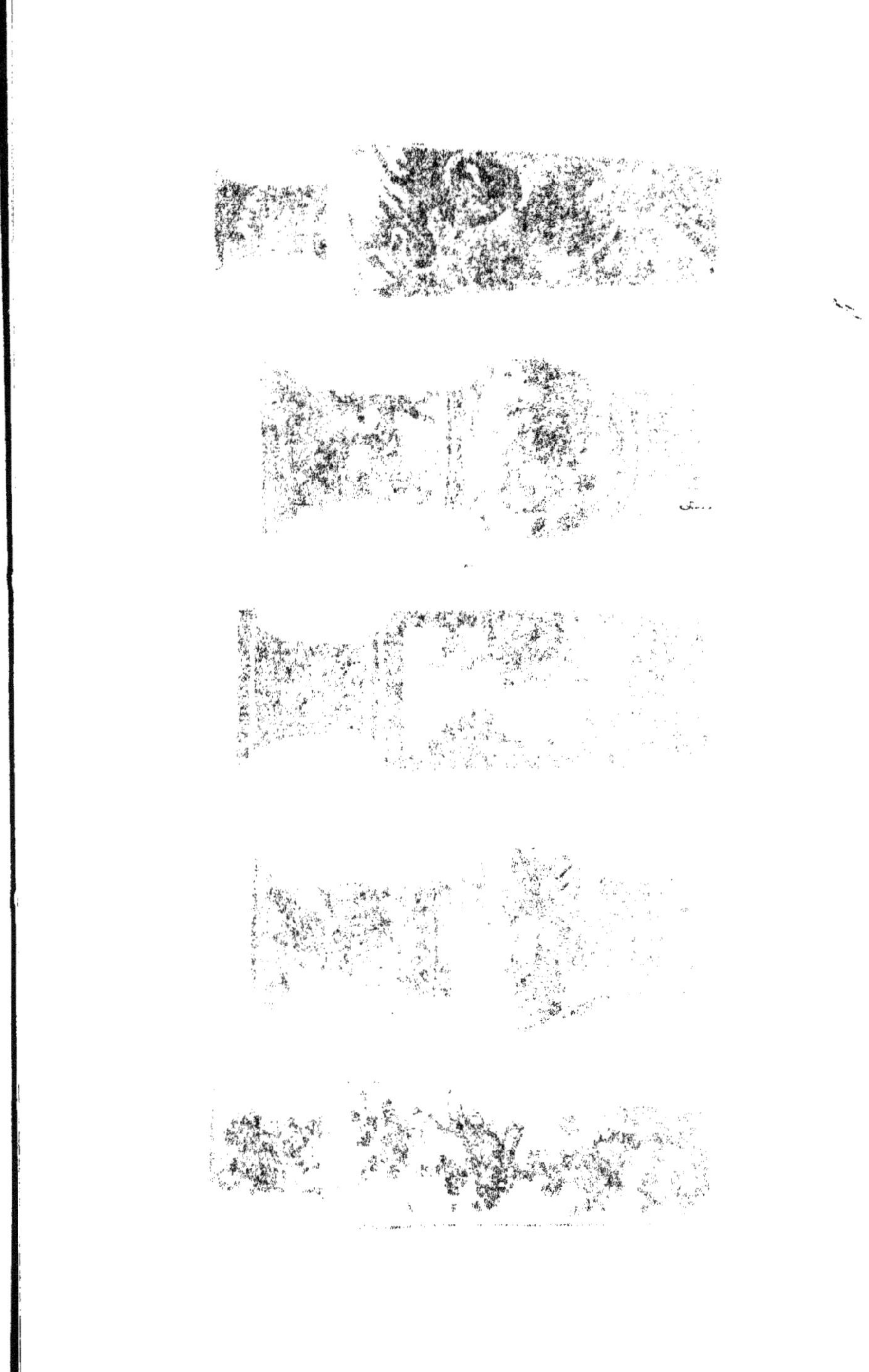

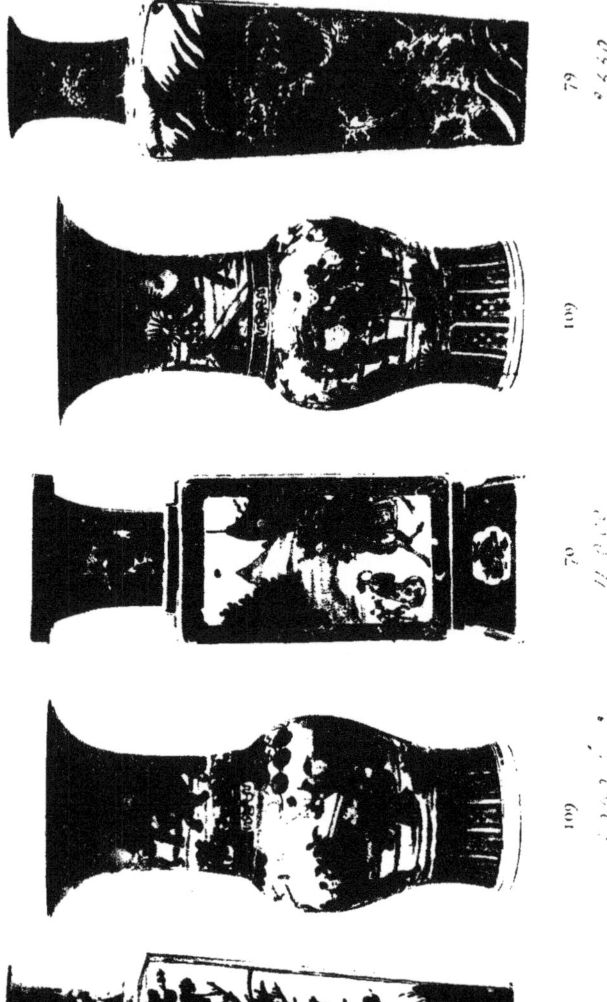

85 — **Vase-rouleau** présentant un paysage montagneux animé de personnages. Décor en bleu. Ancienne porcelaine de Chine, époque Kang-Hi.

Haut . 18 cent.

86 — **Vase-rouleau** présentant plusieurs femmes surveillant de nombreux enfants jouant. Col décoré d'enfants. Épaulement carrelé et orné d'ustensiles. Ancienne porcelaine de Chine. époque Kang-Hi.

Haut., 16 cent.

87 — **Vase** à panse turbinée et col légèrement évasé. décoré de deux dragons à quatre griffes ; sur l'épaulement. des poissons et des fleurs ; sur le col. des zones de grecques. Ancienne porcelaine de Chine. époque Kang-Hi.

Haut., 51 cent.

88 — **Vase** fuselé. décoré d'un arbuste en fleurs. d'oiseaux et d'inscriptions ; rehauts de dorure. Ancienne porcelaine de Chine. époque Kang-Hi.

Haut., 19 cent.

89 — **Vase-rouleau** présentant la déesse des amours debout sur un pétale de nélumbo porté par les flots : sur la rive. de nombreux personnages la contemplent et lui lancent des fleurs. Sur le col. des bambous : sur l'épaulement. un carrelage et des ustensiles. Ancienne porcelaine de Chine. époque Kang-Hi.

Haut., 47 cent.

90 — **Vase** à col légèrement évasé. présentant une scène familiale composée de quatre femmes et de cinq enfants dans un jardin. Sur le col. un paysage montagneux : sur l'épaulement. une zone de carrelages interrompue par quatre fleurs. Ancienne porcelaine de Chine. époque Kang-Hi.

Haut., 45 cent

91 — VASE quadrilatéral à col évasé, décoré sur toutes ses faces de scènes familiales. Col orné d'un paysage. Ancienne porcelaine de Chine, époque Kang-Hi.

Haut., 45 cent.

92 — VASE quadrilatéral à col évasé, décoré d'arbustes en fleurs et d'oiseaux. Ancienne porcelaine de Chine, époque Kang-Hi.

Haut., 49 cent.

93 — DEUX POTICHES décorées de branches fleuries, de rochers, de fong-hoang et d'insectes. Lambrequins au col. Ancienne porcelaine de Chine, époque Kang-Hi.

Haut., 35 cent.

94 — DEUX POTICHES décorées en bleu : cachets, réserves à fleurs, fleurs de pêchers, sur fond caillouté. Ancienne porcelaine de Chine, époque Kang-Hi.

Haut., 33 cent.

95 — POTICHE décorée d'un kilin et d'un fong-hoang au milieu d'un jardin. Ancienne porcelaine de Chine, époque Kang-Hi.

Haut., 34 cent.

96 — POTICHE ornée de femmes et d'enfants dans un jardin. Ancienne porcelaine de Chine, époque Kang-Hi.

Haut., 34 cent.

97 — POTICHE ornée de chiens de Fô. Ancienne porcelaine de Chine, époque Kang-Hi.

Haut., 24 cent.

98 — POTICHE décorée de personnages dans la campagne. Ancienne porcelaine de Chine, époque Kang-Hi.

Haut., 23 cent.

99 — POTICHE à décor doré sur fond bleu fouetté. Ancienne porcelaine de Chine, époque Kang-Hi.

Haut., 34 cent.

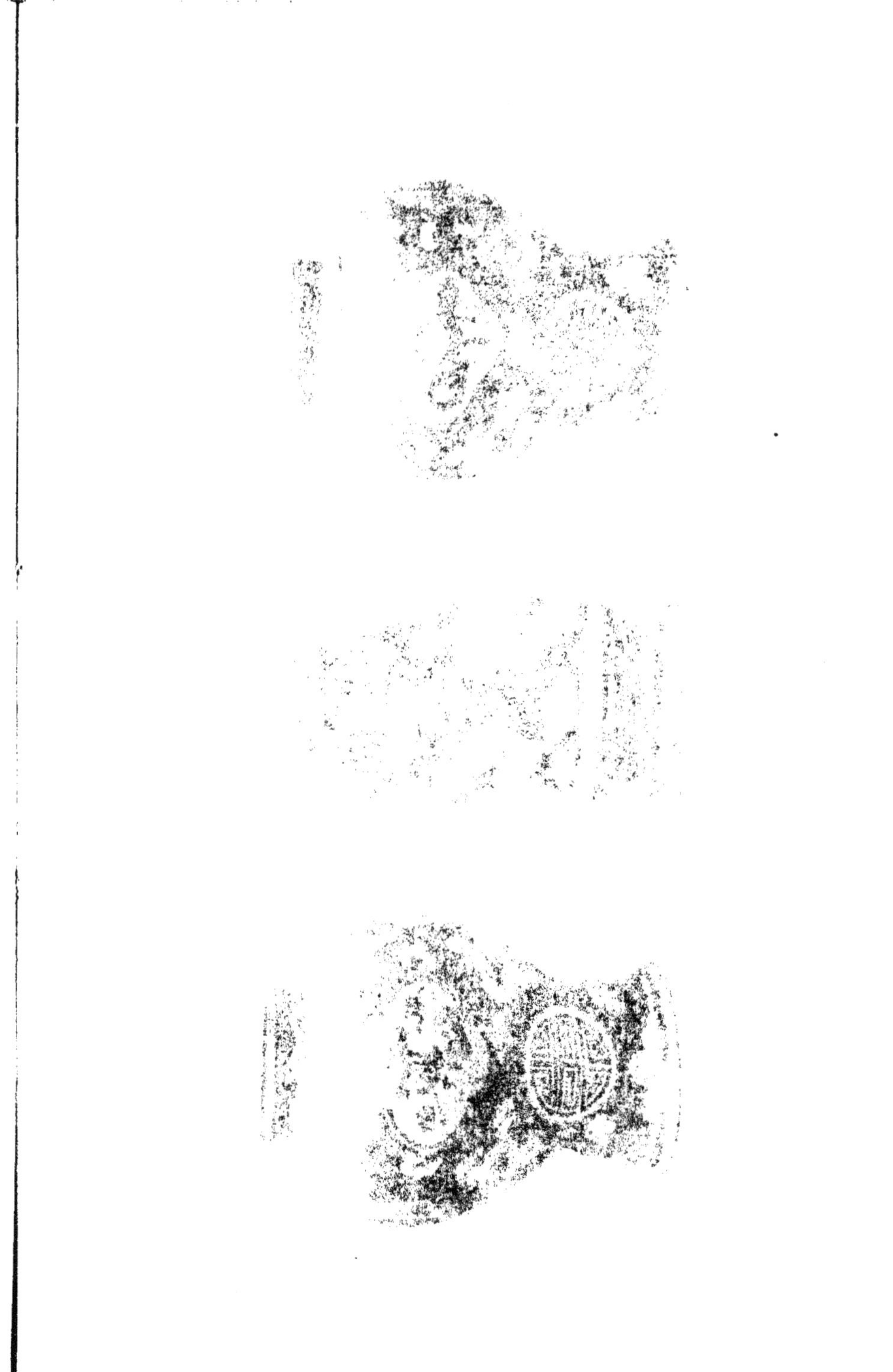

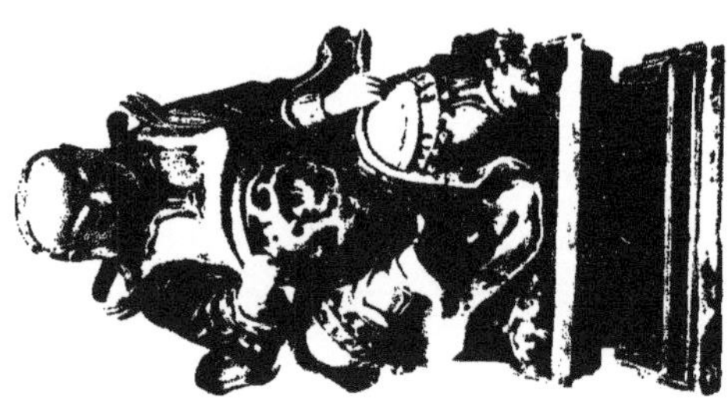
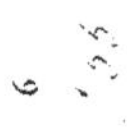
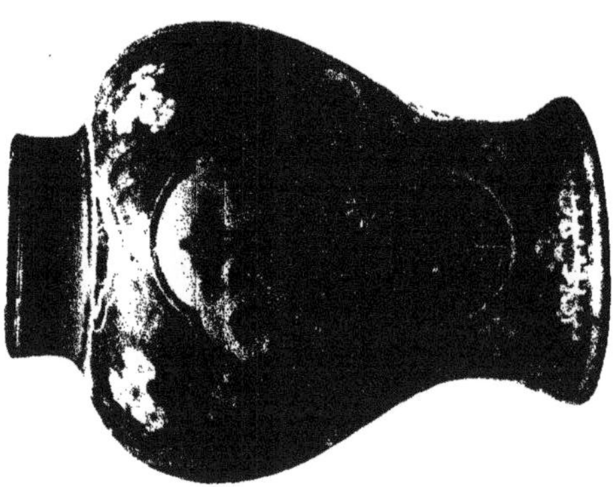

600
Gen. Simon

100 — GROSSE BOUTEILLE décorée en relief de fong-hoang et de dragons. Ancienne porcelaine blanche de la Chine.

Haut., 66 cent.

265

101 — STATUETTE de mandarin assis, en ancien blanc de Chine

Haut., 31 cent

300

102 — DEUX CORBEILLES hexagones à anses surélevées, décorées de branches fleuries et de caractères d'écriture. Ancien blanc de Chine.

Haut., 25 cent.

105
Margossian

103 — BOUTEILLE, décorée de dragons en relief. Ancien blanc de Chine.

Haut., 30 cent.

225
Antoine

104 — JARDINIÈRE ronde en ancien blanc de Chine.

Haut., 13 cent.; diam., 20 cent.

335
Hélist —

105 — STATUETTE de divinité tenant la pêche de longévité. Ancien blanc de Chine.

Haut., 21 cent.

675
Duriez

106 — STATUETTE de Kouan-In assise, tenant le ling-tchi. Ancien blanc de Chine.

Haut., 20 cent.

300

107 — POTICHE avec couvercle, décorée de rinceaux et fleurs en bleu. Ancienne porcelaine de Chine.

Haut., 30 cent.

350
Rameau

108 — GRAND CORNET à renflement médian, décoré en bleu : paysages avec animaux. Ancienne porcelaine de Chine.

Haut., 53 cent.

109 — DEUX CORNETS à panses renflées et cols évasés, décorés, sur la panse et le col, de nombreux enfants jouant dans un jardin. Lambrequins à la base. Ancienne porcelaine de Chine, époque Kien-Lung (1736-1795),

Haut., 45 cent.

110 — DEUX POTICHES avec leurs couvercles, à décor de larges lambrequins, auxquels sont suspendus des motifs variés. Ancienne porcelaine de Chine, époque Kien-Lung.

Haut., 43 cent.

111 — CORNET-BALUSTRE, orné d'arbustes, de fleurs et d'oiseaux. Ancienne porcelaine de Chine, époque Kien-Lung.

Haut., 37 cent.

112 — VASE à panse renflée, décoré d'un arbuste sur lequel sont perchés trois oiseaux. Ancienne porcelaine de Chine, époque Kien-Lung.

Haut., 38 cent.

113 — DEUX POTICHES décorées chacune d'ustensiles, de vases de fleurs et d'un rouleau déplié. Ancienne porcelaine de Chine, époque Kien-Lung.

Haut., 40 cent.

114 — BOUTEILLE à col évasé, décorée en bleu de trois personnages et d'un arbuste sur fond gris verdâtre. Ancienne porcelaine de Chine, époque Kien-Lung.

Haut., 40 cent.

115 — PLAQUE décorée d'un paysage. Ancienne porcelaine de Chine, époque Kien-Lung.

Haut., 30 cent.; larg., 10 cent.

116 — VASE cylindro-conique, décoré, sur fond jaune, de branches fleuries et de rinceaux avec caractères d'écriture à la bordure. Ancienne porcelaine de Chine, époque Kien-Lung.

Haut., 43 cent.

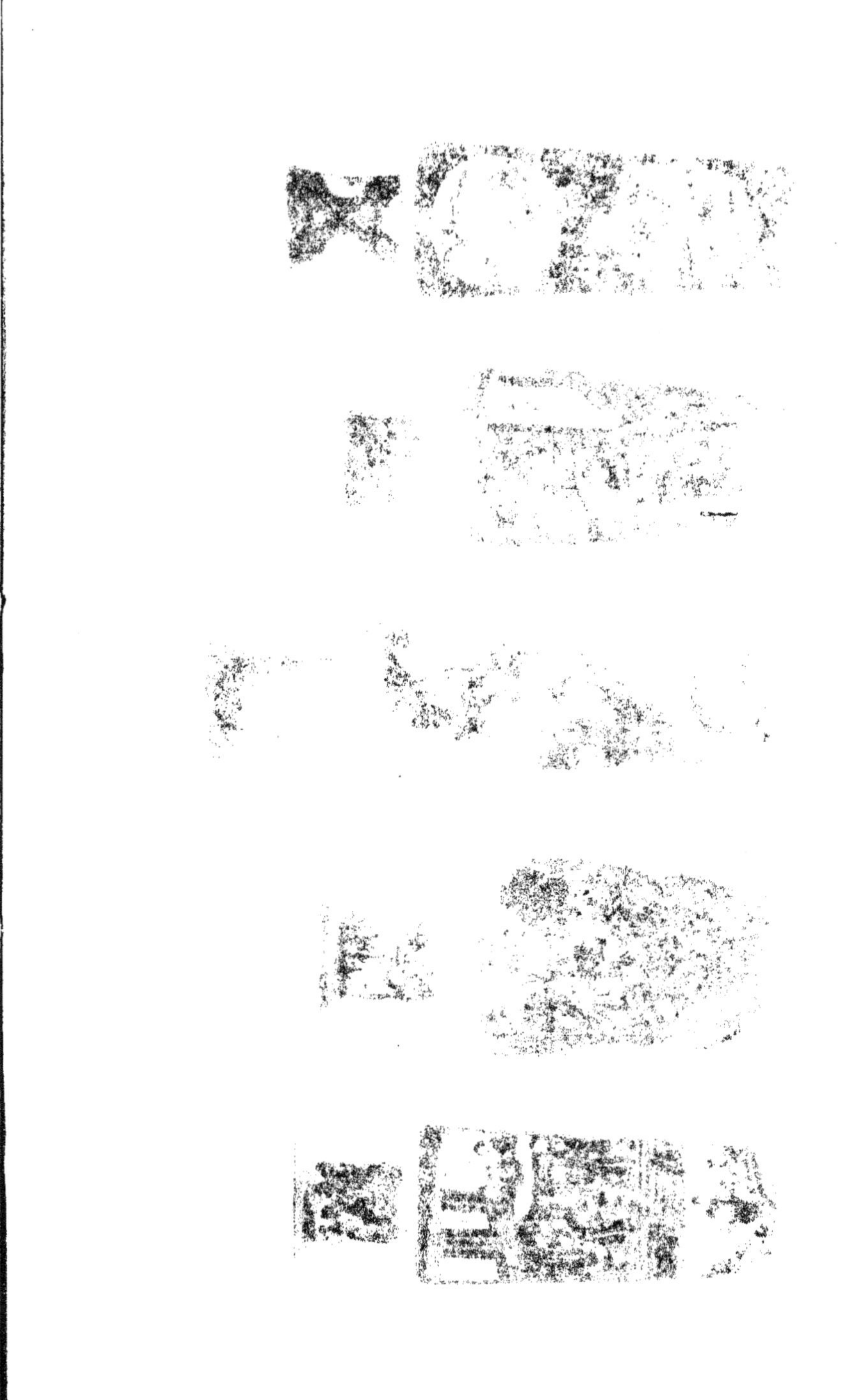

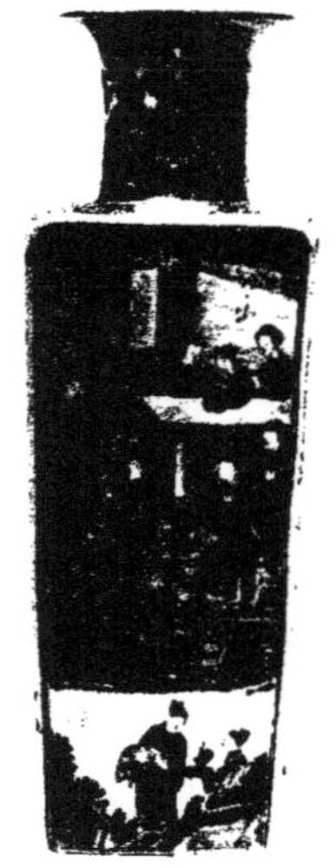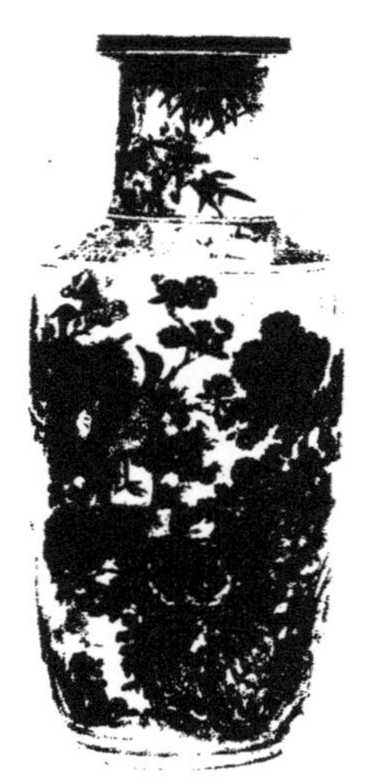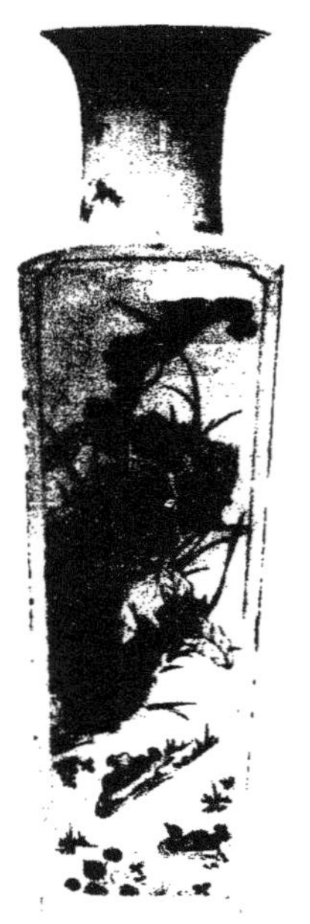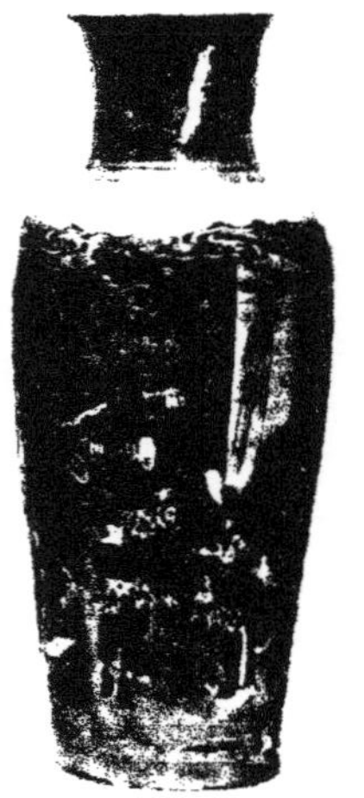

91
1470
84
2250
74
1100
10
2510
75
5.000

1150
Hélot

117 — VASE cylindro-conique. décoré d'une femme dansant. tandis que quatre autres l'accompagnent sur des instruments de musique. Ancienne porcelaine de Chine, époque Kien-Lung.

Haut.. 44 cent.

2 510
Pauline

118 — DEUX PETITS VASES quadrilatéraux sur bases mobiles. à désor d'ustensiles et de fleurs. Ancienne porcelaine de Chine. époque Kien-Lung.

Haut., 35 cent.

120
Gompertz

119 — BOUTEILLE à triple goulot, décorée. en bleu. de dragons à cinq griffes. Ancienne porcelaine de Chine, époque Kien-Lung.

Haut., 27 cent.

300
Maindeville

120 — DEUX PITONGS en forme de rouleaux. décorés de grands compartiments contenant chacun un chien de Fô ; fonds jaunes. Ancienne porcelaine de Chine. époque Kien-Lung.

Haut . 29 cent.

260

121 — VASE-ROULEAU. orné de nombreux ustensiles sur la panse et le col. Rehauts de dorure. Ancienne porcelaine de Chine. époque Kien-Lung.

Haut., 44 cent.

2 700
Van dermeersch

122 — DEUX POTICHES avec leurs couvercles. présentant chacune de nombreux enfants jouant. Lambrequins au culot. rehauts de dorure. Ancienne porcelaine de Chine. époque Kien-Lung.

Haut.. 44 cent.

4 000
Bouet

123 — DEUX POTICHES décorées chacune de la même scène familiale. Ancienne porcelaine de Chine. époque Kien-Lung.

Haut., 43 cent.

124 — DEUX POTS surbaissés, décorés de plantes aquatiques, de fleurs et de rochers en léger relief sur fond jaune. Ancienne porcelaine de Chine, époque Kien-Lung.

Haut., 18 cent.

125 — DEUX KILIN assis, en céladon bleu-turquoise truité de la Chine. Fin de l'époque Kien-Lung.

Haut., 23 cent.

126 — BOUTEILLE simulant le bronze et rehaussée de dorure. Ancienne porcelaine de Chine, époque Kien-Lung. Cachet sous la base.

Haut., 18 cent.

127 — PETITE BOUTEILLE émaillée violet aubergine. Ancienne porcelaine de Chine, époque Kien-Lung.

Haut., 24 cent.

128 — PETITE BOUTEILLE, ornée de marbrures se détachant sur fond vert clair. Ancienne porcelaine de Chine, époque Kien-Lung.

Haut., 23 cent.

129 — DEUX POTICHES décorées d'arbustes en fleurs, de rochers et d'oiseaux. Ancienne porcelaine de Chine, époque Kien-Lung.

Haut., 40 cent.

130 — DEUX POTICHES décorées de nombreux enfants jouant dans un jardin. Ancienne porcelaine de Chine, époque Kien-Lung.

Haut., 36 cent.

131 — DEUX POTICHES décorées de dragons au milieu des flammes. Ancienne porcelaine de Chine, époque Kien-Lung.

Haut., 35 cent.

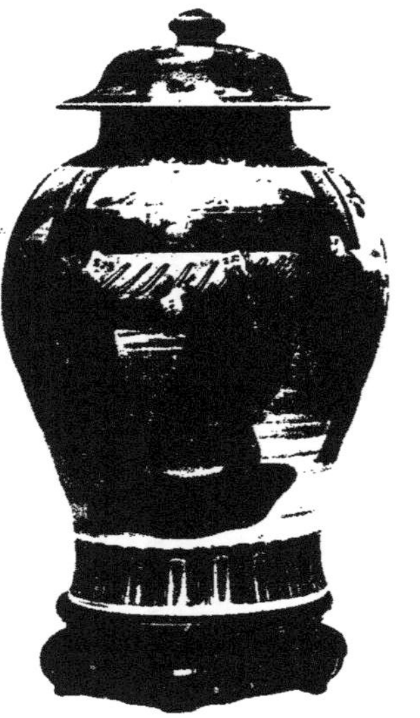

123

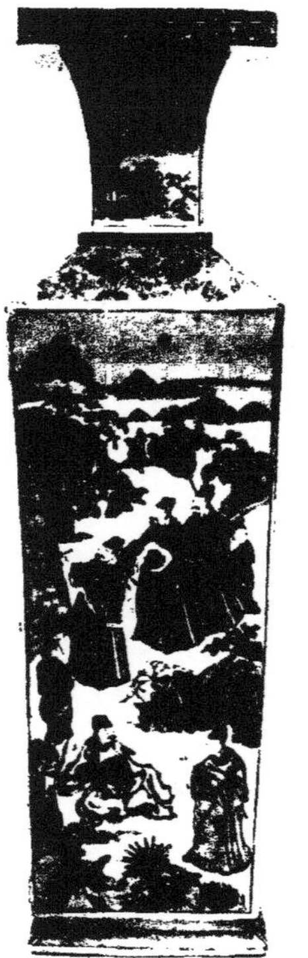

56

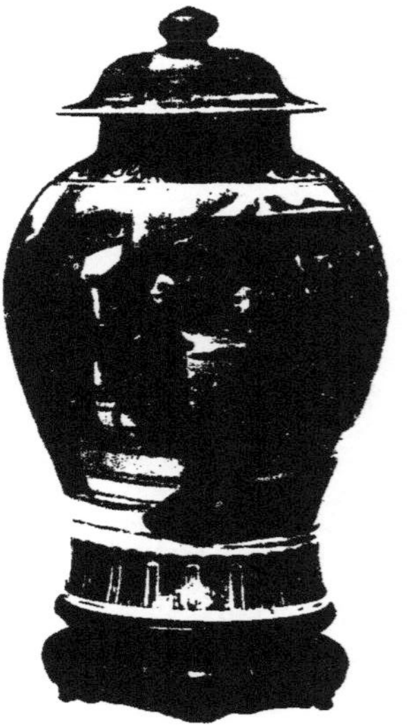

123

132 — DEUX GRANDS VASES, décorés, sur la panse, d'une multitude d'enfants en léger relief. Cols à fond rouge ornés de rinceaux et de pendeloques. Ancienne porcelaine de Chine, époque Kien-Lung.

Haut., 80 cent.

133 — COUPE flambée violet. Porcelaine de Chine, fin de l'époque Kien-Lung.

Diam., 24 cent

134 — GRAND VASE-ROULEAU émaillé noir, avec traces de décor doré. Ancienne porcelaine de Chine, époque Kien-Lung.

Haut., 73 cent.

135 — DEUX POTICHES décorées de rochers, de fleurs et d'oiseaux. Ancienne porcelaine de Chine, époque Kien-Lung.

Haut., 47 cent.

136 — POTICHE avec son couvercle, décorée de branches fleuries sur un fond bleu chargé de menus rinceaux en blanc. Ancienne porcelaine de Chine, époque Kien-Lung.

Haut., 42 cent.

137 — POTICHE ornée de jeux d'enfants dans une habitation et dans un jardin. Ancienne porcelaine de Chine, époque Kien-Lung.

Haut., 34 cent.

138 — POTICHE avec son couvercle, décorée de pivoines, d'arbustes, de rochers et d'oiseaux. Ancienne porcelaine de Chine, époque Kien-Lung.

Haut., 32 cent.

139 — VASE décoré d'un arbuste gaufré en blanc sur fond gris bleuté. Ancienne porcelaine de Chine, cachet de Kien-Lung.

Haut., 38 cent.

140 — **Potiche** décorée de médaillons à personnages et de dragons en bleu sur fond rouge de cuivre. Ancienne porcelaine de Chine, époque Kien-Lung.

Haut., 22 cent.

141 — **Cornet** à panse renflée, décoré de compartiments à paysages animés en bleu se détachant sur un fond rouge de cuivre chargé de rinceaux et de dragons. Ancienne porcelaine de Chine, époque Kien-Lung.

Haut., 35 cent.

142 — **Deux cornets** ornés de personnages en émaux de couleurs, sur fond vert caillouté. Ancienne porcelaine de Chine, époque Kien-Lung.

Haut., 40 cent.

143 — **Deux potiches** avec leurs couvercles, décorées de larges lambrequins à fond bleu. Partie du décor à froid. Ancienne porcelaine de Chine, époque Kien-Lung.

Haut., 35 cent.

144 — **Cornet** décoré de paysages et de salamandres en bleu et rouge de cuivre. Ancienne porcelaine de Chine, époque Kien-Lung.

Haut., 45 cent.

145 — **Deux plats** fleurs et oiseaux, rehauts de dorure. Ancienne porcelaine de Chine, époque Kien-Lung.

Diam., 34 cent.

146 — **Plat** orné d'un rouleau déplié, avec lambrequins au marli. Ancienne porcelaine de Chine, époque Kien-Lung.

Diam., 35 cent.

147 — **Plat** orné d'un rouleau déplié et d'ustensiles, sur fond chargé de fleurettes en blanc. Ancienne porcelaine de Chine, époque Kien-Lung.

Diam., 42 cent.

4 30
Beeche

148 — PLAT orné de branches fleuries, marli vermiculé à quatre réserves d'ustensiles. Ancienne porcelaine de Chine, époque Kien-Lung.

Diam., 37 cent.

6 10
Beeche

149 — GRAND PLAT décoré de fleurs et de plantes aquatiques. Ancienne porcelaine de Chine, époque Kien-Lung.

Diam., 45 cent.

340
Beeche

150 — PLAT orné de fleurs, lambrequins au marli. Ancienne porcelaine de Chine, époque Kien-Lung.

Diam., 35 cent.

151 — DEUX PETITS PLATS, à décor de branches fleuries. Ancienne porcelaine de Chine, époque Kien-Lung.

Diam., 25 cent.

100
Mannheim

152 — ASSIETTE creuse, ornée d'ustensiles et de fleurs. Ancienne porcelaine de Chine, époque Kien-Lung.

Diam., 23 cent.

153 — ASSIETTE creuse, ornée d'une corbeille de fleurs. Ancienne porcelaine de Chine, époque Kien-Lung.

Diam., 23 cent.

305
Marmorian

154 — ASSIETTE ornée d'une scène familiale. Ancienne porcelaine de Chine, époque Kien-Lung.

Diam., 23 cent.

8 2

155 — DEUX COMPOTIERS, branches fleuries et papillons. Ancienne porcelaine de Chine, époque Kien-Lung.

Diam., 19 cent.

156 — COMPOTIER présentant une scène d'acrobates. Ancienne porcelaine de Chine, époque Kien-Lung.

Diam., 25 cent.

157 — Deux plats creux, ornés chacun d'un dragon et d'un fong-hoang entourés de fleurs. Ancienne porcelaine de Chine, époque Kien-Lung.

Diam., 18 cent.

158 — Vase-balustre, à anses têtes d'éléphants, en ancien céladon bleu turquoise truité de la Chine, époque Kien-Lung.

Haut., 28 cent.

159 — Vase-balustre, orné de chiens de Fo en léger relief. Céladon bleu turquoise truité de la Chine, fin de l'époque Kien-Lung.

Haut., 31 cent.

160 — Vase surbaissé émaillé rouge craquelé. Porcelaine de Chine, fin de l'époque Kien-Lung.

Haut., 20 cent.

161 — Vase ovoïde, émaillé rouge craquelé. Porcelaine de Chine, fin de l'époque Kien-Lung.

Haut., 32 cent.

162 — Vase à goulot étroit, en céladon gris-verdâtre de la Chine, fin de l'époque Kien-Lung.

Haut., 35 cent.

163 — Vase fuselé, orné d'une multitude de poissons, sur fond vermiculé. Porcelaine de Chine.

Haut., 46 cent.

164 — Vase quadrilatéral, orné d'arbustes sur fond noir. Porcelaine de Chine.

Haut., 51 cent.

165 — Pot orné d'un groupe de femmes sur fond noir. Porcelaine de Chine.

Haut., 25 cent.

225   166 — DEUX POTS ovoïdes, décorés, sur fond jaune clair, d'arbustes et d'oiseaux. Porcelaine de Chine.

Haut., 24 cent.

105   167 — VASE cylindrique, décoré de pêches, sur fond imbriqué rouge. Porcelaine de Chine.

Haut., 45 cent.

130   168 — DEUX PERRUCHES en porcelaine émaillée bleu turquoise de la Chine. Socles en bois.

Haut., 21 cent.

200   169 — DEUX PETITES POTICHES, décorées de fleurs, de rinceaux et de caractères d'écriture. Porcelaine de Chine.

Haut., 22 cent.

170 — PETIT VASE orné de dragons, en bleu. Porcelaine de Chine.

Haut., 16 cent.

165   171 — DEUX POTS ovoïdes, paysages en bleu. Porcelaine de Chine.

Haut., 22 cent.

210   172 — VASE à panse sphérique, en céladon gris craquelé de la Chine.

Haut., 30 cent.

CÉRAMIQUE CHINOISE
ET JAPONAISE

360   173 — PETIT VASE, forme gourde, en grès émaillé gris craquelé. Ancien travail chinois, époque des Song (960-1279).

Haut., 9 cent.

105   174 — VASE ajouré simulant des cordelettes. Terre vernissée chinoise.

Haut., 37 cent.

175 — **Petit pot** en terre vernissée vert, fleurs en relief. Ancien travail chinois.

Haut., 10 cent.

176 — **Écritoire** ornée d'un paysage, en poterie du Japon.

Larg., 21 cent.

177 — **Flacon** forme fruit, en grès brun du Japon.

Haut., 18 cent.

178 — **Deux potiches** avec couvercles, décorées d'arbustes en fleurs, avec lambrequins à l'épaulement, en bleu, rouge et or. Ancienne porcelaine du Japon.

Haut., 55 cent.

179 — **Plat** décoré de huit vases de fleurs, disposés autour d'un neuvième vase. Ancienne porcelaine du Japon.

Diam., 40 cent.

180 — **Plat** orné d'une multitude de grues en bleu. Porcelaine du Japon, portant le nien-hao chinois de Tching-Hoa.

Diam., 46 cent.

181 — **Compotier** orné de caractères d'écriture en dorure sur fond bleu. Porcelaine du Japon.

Diam., 20 cent.

182 — **Coupe** munie d'une poignée à l'intérieur et ornée de deux poissons gravés. Porcelaine blanche du Japon.

Diam., 23 cent.

105

605
Margossian

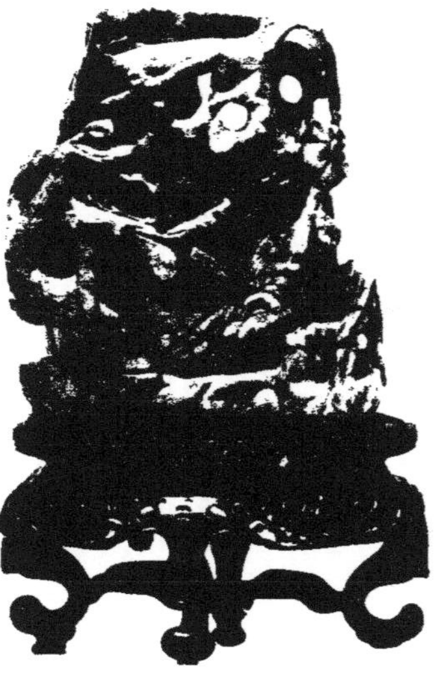

183

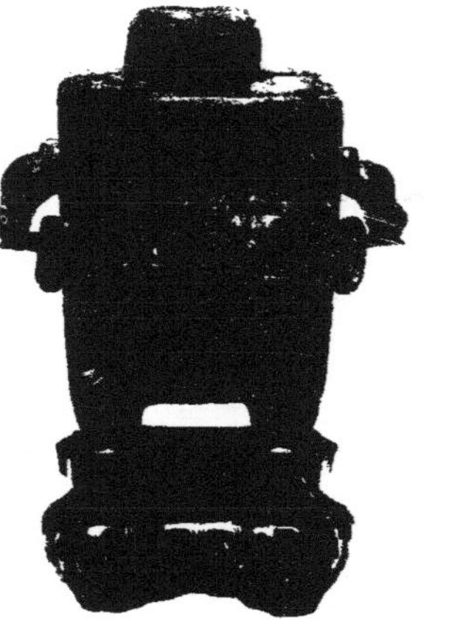

187

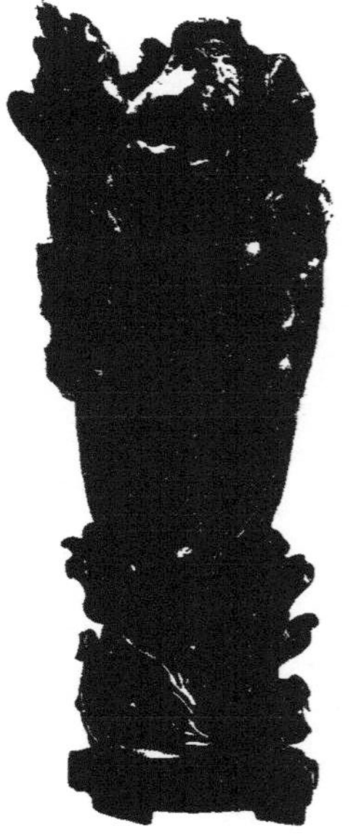

301

JADES, CRISTAUX DE ROCHE, ETC.
de la Chine

183 — Porte-fleurs formé d'un rocher entouré de bambous, feuillages et fleurs. Jade vert émeraude de la Chine.

Haut., 12 cent.

184 — Vase en forme de grosse gourde à panse aplatie, décoré sur toutes ses faces de branchages fleuries. Jade gris verdâtre de la Chine. Pied en bois.

Haut., 28 cent.

185 — Vase en forme de feuille de lotus. Jade vert de la Chine. Pied en bois.

Haut., 22 cent.

186 — Brule-parfums orné de trois oiseaux chimériques aux ailes déployées. Jade vert foncé de la Chine. Pied et couvercle en bois.

Haut., 11 cent.

187 — Boite sur quatre pieds avec couvercle, munie de deux anses chauves-souris à anneaux mobiles, pris dans la masse. Bouton de couvercle orné d'un oiseau. Jade vert émeraude de la Chine. Pied en bois décoré d'incrustations.

Haut., 12 cent.

188 — Petit vase orné d'un dragon et porté par un oiseau placé sur des rinceaux. Jade vert de la Chine. Pied en bois et ivoire.

Haut., 12 cent.

189 — Petit vase avec couvercle, muni de deux anses têtes d'éléphants avec anneaux mobiles pris dans la masse ; décor d'ornements et feuillages. Dragon sur le couvercle. Jade vert de la Chine.

Haut., 14 cent.

190 — PETIT PITONG orné, en bas-relief, de paysages animés. Jade vert de la Chine. Pied en bois.

Haut., 115 millim.

191 — PETITE BOUTEILLE simulant quatre flacons accolés, ornés d'entrelacs. Jade vert de la Chine. Pied en jade blanc ajouré de la Chine.

Haut., 12 cent.

192 — ANIMAL chimérique couché. Jade verdâtre, taché de rouille, de la Chine. Pied en bois.

Larg., 10 cent.

193 — ANIMAL couché, en jade gris de la Chine. Pied en bois ajouré.

Larg., 11 cent.

194 — VASE A EAU en forme de chien de Fô. Jade gris de la Chine. Pied en forme de feuille en bois.

Long., 9 cent.

195 — ÉTUI rectangulaire en jade gris, orné de branchages en applications de pierres de couleur. Travail chinois.

Long., 13 cent.

196 — VASE-BALUSTRE aplati, muni de deux anses têtes de chimères et décoré sur chaque face d'un médaillon à branchages fleuris. Jade vert de la Chine. Pied en bois.

Haut., 28 cent.

197 — BRULE-PARFUMS tripode, avec couvercle muni de deux anses à têtes chimériques, avec anneaux mobiles pris dans la masse ; sur le couvercle, dragon et rinceaux. Jade vert de la Chine. Pied en bois.

Haut., 10 cent.

198 — PETITE BOUTEILLE à anses chimériques, décorée de lambrequins. Jade vert de la Chine.

Haut., 13 cent.

199 — Boîte lenticulaire, cachet sur le couvercle. Jade vert de la Chine. Pied en bois.

Diam., 8 cent.

200 — Petit bol avec couvercle, en jade vert uni de la Chine. Pied en bois ajouré.

Diam., 10 cent.

201 — Brûle-parfums tripode, avec couvercle muni de deux anses à têtes de chimères. Bouton de couvercle ajouré. Jade gris de la Chine. Pied en bois.

Haut., 10 cent.

202 — Groupe de deux animaux chimériques, accolés et tenant des branchages dans leurs gueules. Jade gris de la Chine.

Haut., 11 cent.

203 — Vase-balustre aplati, muni d'anses et d'ornements ajourés, et décoré d'animaux et feuillages. Jade vert de la Chine. Pied en bois.

Haut., 21 cent.

204 — Oiseau chimérique, posé sur des rinceaux et portant sur son dos un vase et un oiseau plus petit. Jade vert ajouré et sculpté de la Chine. Socle en bois.

Haut., 145 millim.

205 — Vase-balustre aplati, muni de deux anses, à têtes d'éléphants, et décoré d'ornements variés. Jade gris verdâtre de la Chine.

Haut., 17 cent.

206 — Vase en forme de gourde aplatie, muni d'anses ajourées en jade gris, orné d'applications de pierres dures : plantes aquatiques. Travail chinois. Pied en bois incrusté et ajouré.

Haut., 21 cent.

207 — COUPE en forme de lotus. Jade vert de la Chine. Pied en bois ajouré, simulant une fleur.

Diam., 21 cent.

208 — BRULE-PARFUMS tripode, avec couvercle, muni de deux anses à têtes chimériques, avec anneaux mobiles pris dans la masse ; décor de rinceaux ; bouton de couvercle ajouré, formé d'un dragon. Jade vert de la Chine. Pied en jade blanc ajouré de la Chine.

Haut., 15 cent.

209 — PETITE BOUTEILLE à décor de feuillages. Jade vert de la Chine. Pied en jade blanc ajouré de la Chine.

Haut., 15 cent.

210 — BOITE lenticulaire, feuillages sur le couvercle. Jade vert de la Chine. Pied en jade blanc ajouré de la Chine.

Diam., 75 millim.

211 — BRULE-PARFUMS à quatre pieds, avec couvercle muni de deux anses ajourées, décoré de rinceaux et avec bouton de couvercle en forme de dragon. Jade gris, taché de rouille, de la Chine. Pied en bois.

Haut., 13 cent.

212 — PETITE BOUTEILLE ornée d'entrelacs, en jade gris, taché de rouille, de la Chine. Pied en bois.

Haut., 11 cent.

213 — PETITE BOITE oblongue, à couvercle, ornée de rinceaux. Jade gris, taché de rouille, de la Chine. Pied en bois.

Long., 65 millim.

214 — VASE-BALUSTRE aplati, muni de deux anses, et décoré de feuillages. Jade blanc brûlé de la Chine. Pied en bois ajouré.

Haut., 18 cent.

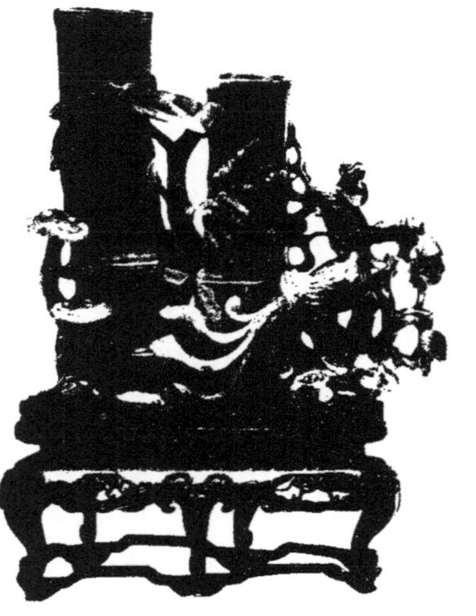
216
600

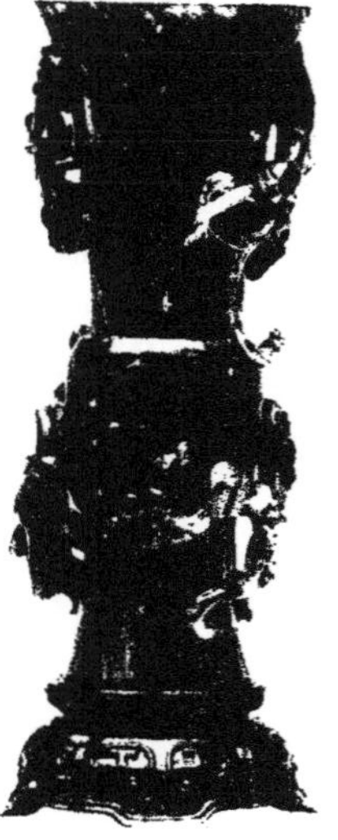
227

204
340

215 — Vase-balustre aplati, avec couvercle, muni sur l'épaulement de deux anses en forme d'oiseaux. Jade gris de la Chine. Pied en bois.

Haut., 21 cent.

216 — Porte-fleurs composé de deux bambous et d'un oiseau au milieu de branches fleuries. Jade vert ajouré et sculpté de la Chine. Pied en bois.

Haut., 145 millim.

217 — Brule-parfums côtelé, avec couvercle, muni de deux anses ajourées, avec anneaux mobiles pris dans la masse. Jade gris de la Chine. Pied en bois.

Haut., 10 cent.

218 — Petite pagode en cuivre doré, sur base en jade gris, taché de vert émeraude. Travail chinois. Socle en bois.

Hauteur totale, 21 cent.

219 — Petite jonque montée par quatre personnages. Jade gris de la Chine. Pied en bois.

Long., 17 cent.

220 — Boite avec couvercle en forme de papillon, ornée d'applications de pierres de couleur. Jade gris de la Chine. Socle en bois.

Larg., 11 cent.

221 — Boite avec couvercle en forme d'inro, décorée de plantes. Jade gris de la Chine.

Haut., 7 cent.

222 — Petite coupe ronde, munie de deux anses : personnage et dragon en ronde-bosse. Jade gris de la Chine.

Larg., 14 cent.

223 — **Boite** en forme de fruit, ornée de branchages, et munie d'un couvercle retenu par un anneau mobile pris dans la masse. Jade gris, travail chinois. Pied en bois.

Long., 11 cent.

224 — **Petit vase** reposant sur un chariot attelé d'un bœuf, sur lequel grimpe un personnage. Jade gris de la Chine. Socle en bois.

Long., 19 cent.

225 — **Théière** avec couvercle, anse et déversoir, décorée de dragons et ornements symétriques. Jade blanc de la Chine. Pied en bois.

Haut., 25 cent.

226 — **Canard** formant boîte, avec couvercle, et tenant des branchages dans son bec. Jade gris de la Chine. Socle en bois.

Haut., 12 cent.; larg., 17 cent.

227 — **Petit cornet-balustre** aplati, à renflement médian, orné de salamandres. Jade vert de la Chine. Pied en bois.

Haut., 18 cent.

228 — **Vase-balustre** aplati, à pans coupés, avec couvercle, muni de deux petites anses ajourées. Il repose sur quatre pieds, à chimères et rinceaux, et est orné d'une frise à ornements symétriques. Jade gris de la Chine. Pied en bois.

Haut., 22 cent.

229 — **Coupe** ronde, munie de deux anses, à feuilles et fleurs; au fond, des branches fleuries. Jade gris de la Chine.

Larg., 25 cent.

230 — **Coupe** ronde sur quatre pieds bas, munie de deux anses, dragons et feuillages, et décorée, à l'intérieur et à l'extérieur, d'oiseaux et de feuillages. Jade gris, travail chinois.

Larg., 23 cent.

231 — COUPE forme fruit, ornée de trois divinités et du cerf axis. Jade brûlé, travail chinois. Socle en bois.

Haut., 5 cent.

232 — PETIT VASE-BALUSTRE aplati, avec couvercle, muni de deux petites anses en forme de ling-tchi avec anneaux mobiles pris dans la masse. Décor de feuilles et motifs symétriques. Jade vert émeraude de la Chine. Pied en bois.

Haut., 14 cent.

233 — GROUPE de deux poissons formant vase. Jade vert de la Chine. Pied en bois simulant les flots de la mer.

Haut., 20 cent.

234 — PETIT GROUPE composé d'une divinité debout, portant une corbeille de fleurs, à laquelle un personnage agenouillé offre un vase. Jade gris de la Chine. Pied en bois.

Haut., 15 cent.

235 — VASE-BALUSTRE aplati avec couvercle, muni de deux petites anses ajourées. Jade vert de la Chine. Pied en bois.

Haut., 18 cent.

236 — VASE formé de larges feuilles, en jade vert, de travail chinois. Pied en pierre de lard rose.

Haut. du vase, 14 cent.

237 — THÉIÈRE de forme aplatie, avec couvercle, munie d'une anse et d'un déversoir à feuillages ajourés, décorée sur ses deux faces de rinceaux et feuillages symétriques. Jade gris de la Chine. Pied en bois.

Haut., 16 cent.

238 — VASE-BALUSTRE aplati, à pans, muni de deux petites anses et décoré de fleurs et feuillages disposés symétriquement. Jade blanc de la Chine. Pied en bois incrusté.

Haut., 23 cent.

239 — Vase-balustre aplati avec couvercle, muni de deux anses, à têtes chimériques avec anneaux mobiles pris dans la masse; décor de rinceaux et feuillages sur les deux faces. Jade vert de la Chine. Pied en bois.

Haut., 25 cent.

240 — Vase double, formé d'un gros et d'un petit poisson. Jade vert de la Chine. Pied en bois simulant les flots de la mer.

Haut., 26 cent.

241 — Écran de table, décoré, sur ses deux faces, de paysages animés de deux personnages et de cerfs. Jade gris de la Chine. Pied en bois.

Haut., 21 cent.; larg., 15 cent.

242 — Petit poisson en jade gris taché de vert émeraude de la Chine.

Larg., 67 millim.

243 — Figurine de personnage debout. Jade gris de la Chine.

Haut., 45 millim.

244 — Petit groupe de trois chats, en jade gris clair et gris foncé de la Chine.

Larg., 4 cent.

245 — Coupe ronde unie, en jade gris taché de vert et de jaune. Travail chinois.

Diam., 15 cent.

246 — Huit pièces d'enfilage de forme sphérique, en jade vert émeraude de la Chine.

247 — Deux colliers composés de globules de matières diverses: agate, améthyste, jade, cristal de roche, aventurine, malachite, jaspe, lapis, etc. Chine.

248 — VASE-BALUSTRE aplati, décoré de caractères d'écriture et de branchages fleuris. Jade blanc de la Chine. Pied en bois.

Haut., 24 cent.

249 — STATUETTE représentant le dieu de longévité tenant la pêche et accompagné du cerf axis. Il est placé au milieu de rochers et de nuages et adossé à un arbuste en fleurs. Jade vert de la Chine. Socle en bois.

Haut., 24 cent.

250 — BRULE-PARFUMS avec couvercle, muni de deux anses surélevées, et décoré d'ornements symétriques. Bouton de couvercle ajouré en forme de dragon. Jade gris de la Chine. Pied en bois.

Haut., 9 cent.

251 — PETIT GROUPE, composé d'une divinité étendue, tenant un enfant et accompagnée d'un chat. Jade gris de la Chine. Pied en ivoire, teint vert.

Larg., 12 cent.

252 — PETITE JONQUE montée par deux personnage et deux animaux. Jade gris de la Chine.

Larg., 16 cent.

253 — PETITE COUPE, forme feuille, ornée d'un crapaud et d'un poisson. Jade gris taché de vert émeraude. Travail chinois.

Larg., 9 cent.

254 — PETITE BOITE oblongue, branchages et fleurs sur le couvercle. Jade vert de la Chine.

Larg., 65 millim.

255 — ORNEMENT DE PAGODE, composé de motifs variés retenus par des chainettes : chauve-souris, panier de fleurs, poissons, etc. Jade vert de la Chine.

Haut. totale, 32 cent.

256 — VASE avec couvercle, orné d'un dragon et d'un oiseau; couvercle surmonté d'un chien de Fô. Cristal de roche rosé de la Chine. Socle en ivoire teinté vert.

Haut., 15 cent.

257 — PETIT VASE, porté par un oiseau. Cristal de roche, travail chinois. Pied en bois.

Haut., 13 millim.

258 — PETIT VASE à deux anses, auprès duquel est couché un oiseau formant récipient à eau. Cristal de roche, travail chinois. Socle en ivoire sculpté à fleurs.

Haut., 85 millim.

259 — VASE-BALUSTRE aplati, avec couvercle, muni de deux anses à têtes d'éléphant avec anneaux mobiles, et orné de rinceaux et feuilles. Couvercle surmonté d'un éléphant couché. Cristal de roche, travail chinois. Pied en bois.

Haut., 24 cent.

260 — PETIT VASE-BALUSTRE aplati, avec couvercle, muni de deux anses ajourées et de deux petites têtes de béliers. Sur le couvercle, bélier couché. Cristal de roche, travail chinois. Pied en bois.

Haut., 16

261 — STATUETTE de poussah accroupi. Cristal de roche. Travail chinois. Pied en bois.

Haut., 65 millim.

262 — VASE DOUBLE avec couvercle, affectant la forme de deux losanges accolés par une arête; décor de dragons. Petites salamandres sur le couvercle. Cristal de roche améthyste, travail chinois. Pied en bois incrusté.

Haut., 20 cent.

263 — PETIT VASE-BALUSTRE aplati, avec couvercle, muni de
deux anses à anneaux mobiles. Chien de Fô couché sur le
couvercle. Cristal de roche, travail chinois. Pied en bois.

Haut., 15 cent.

264 — PETIT VASE avec couvercle, orné de six petites chimères
en ronde-bosse. Salamandres sur le couvercle. Cristal de
roche améthyste, travail chinois.

Haut., 14 cent.

265 — BRULE-PARFUMS avec couvercle, muni de deux anses
ajourées, à décor de motifs réguliers. Bouton de couvercle
rapporté en forme de dragon. Cristal de roche rosé, travail chinois. Socle en ivoire teinté vert.

Haut., 15 cent.

266 — PETIT VASE à deux anses, avec couvercle, orné d'un fruit
et d'une feuille formant récipients à eau. Cristal de roche,
travail chinois. Pied en bois.

Haut., 10 cent.

267 — PETIT RÉCIPIENT à eau, orné d'un poussah accroupi.
Cristal de roche. Travail chinois. Pied en bois.

Haut., 5 millim.

268 — STATUETTE de divinité barbue, debout, tenant un fruit
dans chaque main. Cristal de roche, travail chinois. Socle
en bois.

Haut., 26 cent.

269 — PETIT VASE avec couvercle, en forme de balustre aplati,
décoré de branchages fleuris et d'oiseaux. Cristal de roche
améthyste, travail chinois, Pied en bois incrusté.

Haut., 17 cent.

270 — PETIT VASE, muni de deux anses ajourées et orné d'une chauve-souris et de fruits. Cristal de roche teinté violet artificiellement, travail chinois. Pied en bois.

Haut., 11 cent.

271 — GROUPE de fruits en cristal de roche jaune. Travail chinois. Pied en bois ajouré.

Haut., 9 cent.

272 — PORTE-FLEURS à six pans, décoré d'un paysage animé sur toutes ses faces. Cristal de roche à plusieurs couches, travail chinois.

Haut., 11 cent.

273 — VASE-BALUSTRE aplati, avec couvercle, muni de deux petites anses ajourées, et placé sur une base oblongue. Chien de Fô sur le couvercle. Cristal de roche de la Chine.

Haut., 22 cent.

274 — VASE-BALUSTRE aplati, avec couvercle, muni de deux anses formées de ling-tchi ; décor de motifs symétriques. Cristal de roche de la Chine.

Haut., 20 cent.

275 — VASE avec couvercle, muni de deux petites anses ; couvercle repercé, orné de plantes aquatiques. Cristal de roche de la Chine. Pied en bois noir et ivoire teint vert.

Haut., 15 cent.

276 — VASE avec couvercle en forme de balustre aplati, muni de deux anses à têtes d'éléphants, avec anneaux mobiles pris dans la masse ; il est décoré d'un oiseau et d'un fong-hoang. Chien de Fô sur le couvercle. Cristal de roche rosé, travail chinois. Pied en bois incrusté.

Haut., 23 cent.

277 — Coupe à eau, à trois compartiments, formée de plantes aquatiques. Cristal de roche de la Chine.

Larg., 15 cent.

278 — Statuette de Kouan-In assise, tenant un rouleau dans ses deux mains. Cristal de roche de la Chine. Pied en bois sculpté.

Haut., 16 cent.

279 — Vase-balustre aplati, avec couvercle, accompagné d'un récipient à eau, d'un oiseau, d'une salamandre et placé au milieu de plantes aquatiques. Bouton de couvercle formé d'un oiseau. Cristal de roche rosé, travail chinois. Pied en bois sculpté et teint vert.

Haut., 19 cent.

280 — Trois petits vases variés, avec couvercles, placés sur une même terrasse ; celui du milieu est orné de trois salamandres, l'un servant de bouton de couvercle. Cristal de roche de la Chine. Pied en bois.

Haut., 12 cent.

281 — Vase a eau à deux récipients ornés de deux fruits et munis chacun d'un couvercle. Cristal de roche de la Chine. Pied en ivoire teint vert.

Long., 16 cent.

282 — Vase-balustre aplati avec couvercle, accompagné d'un récipient à eau, orné d'un oiseau et placé au milieu de rochers et de plantes. Bouton de couvercle formé d'une chauve-souris. Cristal de roche de la Chine. Pied en bois.

Haut., 18 cent.

283 — Vase-balustre aplati, avec couvercle, orné d'animaux et placé au milieu de rochers et de plantes. Cristal de roche fumé, travail chinois. Pied en bois.

Haut., 11 cent.

284 — PETITE BOITE carrée avec couvercle. Cristal de roche
uni, travail chinois. Socle en ivoire teinté rouge.

Long. et larg., 9 cent.

285 — VASE-BALUSTRE aplati, avec couvercle surmonté d'un
chien de Fô. Il est accompagné de deux récipients à eau simulant des troncs d'arbres et est orné sur toutes ses faces
d'arbustes en fleurs. Cristal de roche, travail chinois.

Haut., 23 cent.

286 — VASE à eau à deux compartiments munis de bouchons;
il est orné de fruits et de branchages. Cristal de roche rosé,
travail chinois. Pied en bois.

Larg., 11 cent.

287 — PETIT VASE BALUSTRE aplati, avec couvercle, muni de
deux anses à anneaux mobiles pris dans la masse. Il est
orné de salamandres et de feuilles. Cristal de roche de la
Chine. Pied en bois.

Haut., 11 cent.

288 — VASE BALUSTRE aplati, avec couvercle, muni de deux
petites anses et décoré d'animaux chimériques. Bouton de
couvercle orné d'une salamandre. Cristal de roche améthyste,
travail chinois. Pied en bois.

Haut., 17 cent.

289 — PETIT VASE avec couvercle, faisant corps avec un animal
chimérique à tête d'oiseau, tenant dans son bec un anneau
mobile pris dans la masse. Cristal de roche, travail chinois.
Pied en bois.

Haut., 10 cent.

290 — COUPE LIBATOIRE munie d'une anse et ornée de caractères
d'écriture gravés. Cristal de roche de la Chine. Pied en
bois.

Haut., 55 millim.

291 — VASE BALUSTRE aplati, avec couvercle, orné de plantes et d'un oiseau. Animal chimérique sur le couvercle. Cristal de roche améthyste, travail chinois. Pied en bois.

Haut., 18 cent.

292 — VASE orné de deux oiseaux, d'un chien de Fô et de branchages. Cristal de roche améthyste, travail chinois. Pied en bois.

Haut., 12 cent.

293 — PETIT VASE BALUSTRE aplati, avec couvercle, orné d'un oiseau et de branches fleuries. Petit pied mobile. Cristal de roche améthyste, travail chinois.

Hauteur totale, 11 cent.

294 — TROIS PIÈCES : petit brûle-parfums, petit vase balustre aplati et petite boîte lenticulaire, avec couvercles. Décor de plantes. Cristal de roche rosé, travail chinois. Sur un même socle en bois à trois places.

Hauteur du brûle-parfums, 6 cent.

295 — PETIT VASE BALUSTRE aplati, avec couvercle surmonté d'un chien de Fô ; décor de bambous. Petit support mobile. Cristal de roche améthyste, travail chinois.

Hauteur totale, 11 cent.

296 — TRÈS PETIT VASE BALUSTRE aplati, avec couvercle, entouré de plantes fleuries. Cristal de roche améthyste, travail chinois.

Haut., 6 cent.

297 — PRESSE-PAPIERS orné d'une salamandre en ronde-bosse. Cristal de roche de la Chine.

Long., 135 millim.

298 — VASE BALUSTRE aplati, décoré d'un ling-tchi, de salamandres et d'un nœud de rubans. Cristal de roche, travail
chinois. Pied en ivoire teint vert.

Haut., 21 cent.

299 — PETIT MULOT en cristal de roche fumé. Travail chinois.
Pied en bois.

Long., 5 cent.

300 — STATUETTE de divinité barbue, étendue et accoudée à un
vase renversé. Cristal de roche fumé, travail chinois.

Long., 15 cent.

301 — VASE formé de larges feuilles. Jade gris taché de vert
émeraude de la Chine. Pied en bois.

Haut., 16 cent.

302 — VASE-BALUSTRE aplati avec couvercle et muni de deux
petites anses ajourées ; décor de paysages et branchages en
léger relief. Cristal de roche, travail chinois.

Haut., 19 cent.

303 — TROIS PIÈCES : deux petits crapauds et un fruit en cristal
de roche améthyste de la Chine.

Larg., 4 cent.

304 — COUPE libatoire, en forme de feuille, munie d'une anse
à branchages. Agate mamelonnée et herborisée, travail
chinois. Socle en bois.

Larg., 10 cent.

305 — COUPE ronde unie. Agate blonde mamelonnée, travail
chinois. Pied en bois.

Diam., 10 cent.

306 — PETIT VASE-BALUSTRE aplati, avec couvercle muni de
deux anses à têtes d'éléphants. Anneau mobile sur le couvercle. Agate, travail chinois. Pied en bois.

Haut., 10 cent.

307 — COUPE en forme de fruit, ornée d'une salamandre et de branchages fleuris en ronde-bosse. Agate, travail chinois.

Larg., 10 cent.

308 — PETIT VASE-BALUSTRE avec couvercle compris dans des branches feuillagées. Chien de Fô sur le couvercle. Cornaline à deux couches, travail chinois. Socle en bois.

Haut., 17 cent.

309 — PETIT FRUIT en sardoine. Travail chinois.

Larg., 57 millim.

310 — TRÈS PETIT VASE-BALUSTRE aplati avec couvercle, orné de deux salamandres et de branchages fleuris. Sardoine, travail chinois. Pied en bois.

Haut., 6 cent.

311 — PORTE-FLEURS en forme de tronc d'arbre, orné de branchages fleuris. Jaspe rouge, travail chinois. Pied en bois.

Haut., 12 cent.

312 — VASE-BALUSTRE aplati, avec couvercle, décoré d'une frise à ornements symétriques. Lapis, travail chinois. Pied en bois.

Haut., 17 cent.

313 — BRULE-PARFUMS avec couvercle, muni de deux anses ajourées, et décoré d'une frise de feuillages. Lapis, travail chinois. Pied en bois ajouré.

Haut., 11 cent.

314 — PETITE BOITE lenticulaire, ornée d'une salamandre sur le couvercle. Lapis, travail chinois. Pied en bois.

Diam., 55 millim.

315 — VASE en forme de tronc d'arbre feuillagé. Malachite, travail chinois. Socle en bois.

Haut., 10 cent.

316 — COUPE en forme de feuille, ornée d'un crabe. Malachite, travail chinois. Pied en bois.

Larg., 14 cent.

317 — GROUPE de fruits avec fleurs et feuilles. Ambre jaune, travail chinois. Pied en bois, à branchages feuillagés.

Larg., 12 cent.

318 — PETITE coupe ornée de branchages, feuilles et fleurs. Ambre, travail chinois. Pied en bois.

Larg., 12 cent.

319 — GROUPE de deux vases accolés, munis de couvercles et avec socle adhérent. Décor de feuillages et rinceaux symétriques. Chiens de Fô sur les couvercles. Ambre rouge, travail chinois.

Haut., 22 cent.

320 — VASE-BALUSTRE aplati avec couvercle, muni de deux anses à têtes d'éléphants avec anneaux mobiles pris dans la masse. Décor de feuillages et motifs symétriques. Ambre rouge, travail chinois.

Haut., 21 cent.

321 — DEUX COLLIERS variés en ambre jaune et ambre rouge. Travail chinois.

FLACONS-TABATIÈRES

322 à 331 — QUARANTE-QUATRE FLACONS-TABATIÈRES en porcelaine de Chine de diverses époques. (Seront divisés.)

332 — FLACON-TABATIÈRE en verre taillé de plusieurs couleurs, à décor d'animaux. Travail chinois.

Haut., 6 cent

333 — Deux flacons-tabatières : l'un en forme de fruit, orné
d'un personnage et d'un singe ; l'autre, décoré de personnages. Pierre de lard. Chine.

Haut., 6 cent.

334 — Flacon-tabatière, orné de deux têtes de chimères tenant
des anneaux. Ivoire fossile, travail chinois.

Haut., 6 cent.

335 — Deux flacons-tabatières unis, variés de forme, en lapis.
Travail chinois.

Haut., 55 et 50 millim.

336-337 — Quatre flacons tabatières variés en jaspe de couleur. Travail chinois. (Seront divisés.)

338 à 385 — Quarante-huit flacons-tabatières, variés de forme
et de décor, en agate de divers tons. Travail chinois. Seront
divisés.)

386 à 388 — Six flacons-tabatières en cristal de roche, variés
de forme et de couleur. Travail chinois.

389 à 391 — Six flacons-tabatières en cristal de roche fumé.
Chine.

392 à 403 — Vingt-quatre flacons-tabatières variés de forme
et de décor, en cristal de roche améthyste, de travail chinois.
Seront divisés.)

404 à 421 — Trente-six flacons-tabatières variés de forme et
de décor, en cristal de roche, de travail chinois. Seront
divisés.)

422 à 440 — DIX-NEUF FLACONS-TABATIÈRES variés de forme et de décor, en jade gris uni ou taché de vert émeraude, de travail chinois. (Seront divisés.)

441 à 444 — HUIT FLACONS-TABATIÈRES variés de forme et de décor, en ambre rouge, vert ou jaune. Travail chinois.

Haut. de l'un, 9 cent.

ÉMAUX CLOISONNÉS
de la Chine

445 — CORNET muni d'arétes saillantes, décor de fleurs sur fond bleu. Ancien émail cloisonné de la Chine.

Haut., 50 cent.

446 — VASE-BALUSTRE décoré de dragons sur fond bleu. Ancien émail cloisonné de la Chine.

Haut., 38 cent.

447 — VASQUE décorée de rinceaux et d'animaux sur fond bleu. Ancien émail cloisonné. Pieds à têtes d'éléphants. Chine.

Diam., 56 cent.

448 — BRULE-PARFUMS en forme de chimère à tête mobile, en ancien émail cloisonné de la Chine. Pied en bois.

Haut., 22 cent.

449 — PETITE JARDINIÈRE ronde tripode, décorée de fleurs sur fond bleu. Ancien émail cloisonné de la Chine. Pied en bois.

Haut., 10 cent.

450 — PETITE BOUTEILLE, rinceaux fleuris sur fond bleu. Ancien émail cloisonné de la Chine.

Haut., 14 cent.

451 — PETITE BOITE lenticulaire, fleurs sur fond bleu. Ancien émail cloisonné de la Chine.

Diam., 8 cent.

452 — BRULE-PARFUMS avec couvercle, à fleurs sur fond bleu. Ancien émail cloisonné de la Chine. Pied en bois.

Haut., 17 cent.

453 — BRULE-PARFUMS rond à anses droites, sur trois pieds et avec couvercle. Décor de carrelages et motifs irréguliers. Ancien émail cloisonné de la Chine.

Haut., 21 cent.

454 — PETITE BOUTEILLE à col flanqué de deux tubulures. Fleurs sur fond bleu. Ancien émail cloisonné de la Chine.

Haut., 15 cent.

455 — BRULE-PARFUMS avec couvercle, décoré de rinceaux sur fond bleu, pieds, anses et bouton de couvercle en bronze. Ancien émail cloisonné de la Chine.

Haut., 26 cent.

456 — BOUTEILLE simulant deux gourdes accolées, décorée de fleurs et de paysages. Ancien émail cloisonné de la Chine.

Haut., 40 cent.

457 — PETITE POTICHE décorée de rinceaux, sur fond bleu. Ancien émail cloisonné de la Chine.

Haut., 24 cent.

458 — VASE-BALUSTRE décoré de fleurs sur fond bleu. Ancien émail cloisonné de la Chine.

Haut., 28 cent.

459 — VASE-BALUSTRE quadrilatéral, décoré de fleurs et de rochers sur fond bleu. Ancien émail cloisonné de la Chine.

Haut., 31 cent.

460 — **Plaque** rectangulaire, décorée d'un paysage en ancien émail cloisonné de la Chine. Encadrée.

Haut., 49 cent. ; larg., 62 cent.

461 — **Seau** hexagone porte-fleurs, décoré de fleurs sur fond bleu, et partiellement ajouré ; bronze et émail cloisonné. Ancien travail chinois.

Haut., 34 cent.

462 — **Brule-parfums** sphérique surbaissé, avec couvercle, fleurs sur fond bleu. Émail cloisonné. Pieds à têtes d'éléphants, bouton de couvercle en forme de crapaud à trois pattes, en bronze. Travail chinois.

Diam., 23 cent.

463 — **Brule-parfums** sphérique, décoré de cachets et de fleurs sur fond bleu, en émail cloisonné. Couvercle repercé et pieds en cuivre doré. Ancien travail chinois.

Haut., 20 cent.

464 — **Coffret** oblong, avec couvercle, décoré sur toutes les faces, d'arbustes et d'habitations ; émail cloisonné. Il est supporté par deux statuettes d'hommes en bronze. Nien-hao de Kien-Lung. Ancien travail chinois. Pied en bois.

Haut., 35 cent. ; larg., 45 cent.

465 — **Brule-parfums** à bords festonnés, décoré de fleurs sur fond bleu. Émail cloisonné. Couvercle ajouré et anses à salamandres en bronze doré. Ancien travail chinois.

Haut., 24 cent.

466 — **Brule-parfums** tripode, avec couvercle, orné de rinceaux et motifs irréguliers sur fond bleu. Émail cloisonné de la Chine.

Haut., 24 cent.

467 — VASE-BALUSTRE quadrilatéral, à motifs irréguliers sur fond bleu clair. Émail cloisonné de la Chine. Pied en bois.

Haut., 20 cent.

468 — CORNET à renflement médian, décoré de rinceaux sur fond bleu. Émail cloisonné de la Chine.

Haut., 25 cent.

469 — GROS VASE-BALUSTRE, décoré de fleurs sur fond bleu. Émail cloisonné de la Chine.

Haut., 58 cent.

470 — BRULE-PARFUMS composé d'un oiseau porté sur le dos d'un chien de Fô. Bronze doré, avec applications de matières dures. Ancien travail chinois. Pied en bois ajouré.

Haut., 14 cent.

FAIENCES

471 — DEUX ASSIETTES variées, motifs irréguliers. Ancienne faïence de Kutaïa.

Diam., 18 cent.

472 — TROIS SOUCOUPES variées, même faïence.

Diam., 14 cent.

473 — PLAQUE de revêtement, ornée de fleurs en bleu dans un encadrement à fond vert. Ancienne faïence d'Asie-Mineure.

Haut. et larg., 25 cent.

474 — PLAT, décoré de fleurs avec marli à quatre compartiments. Camaïeu verdâtre. Ancienne faïence d'Asie-Mineure.

Diam., 28 cent.

475 — Compotier, fleurs en bleu. Ancienne faïence d'Asie-Mineure.

Diam., 22 cent.

476 — Petit plat creux, fleurs en bleu. Ancienne faïence d'Asie-Mineure.

Diam., 21 cent.

477 — Grand plat, décoré de fleurs en bleu. Ancienne faïence de Perse.

Diam., 47 cent.

478 — Grand plat, décoré en bleu, baie fleurie et oiseaux. Style chinois. Ancienne faïence de Perse.

Diam., 46 cent.

479 — Plat, décoré de grappes de raisin en bleu et vert. Ancienne faïence de Damas.

Diam., 36 cent.

480 — Fond de plat, décoré de fleurs. Ancienne faïence de Rhodes.

Diam., 20 cent.

481 — Fond de plat, orné d'animaux. Ancienne faïence de Rhodes.

Diam., 14 cent.

482 — Fond de plat, orné de fleurs sur champ bleu. Ancienne faïence de Rhodes.

Diam., 20 cent.

483 — Plat, décoré de tulipes. Ancienne faïence de Rhodes.

Diam., 32 cent.

484 — Plat, décoré d'imbrications. Ancienne faïence de Rhodes.

Diam., 29 cent.

125   485 — PLAT. décoré d'œillets et de tulipes, bords festonnés.
Ancienne faïence de Rhodes.

Diam., 29 cent.

230   486 — PLAT. décoré de palmettes et d'imbrications. Ancienne
faïence de Rhodes.

Diam., 30 cent.

100   487 — PLAT. fleurs et dahlias. Ancienne faïence de Rhodes.

Diam., 30 cent.

155   488 — PLAT. motif rayonnant. Ancienne faïence de Rhodes.

Diam., 29 cent.

340   489 — PLAT. dahlias et autres fleurs. Ancienne faïence de
Rhodes.

Diam., 30 cent.

175   490 — PLAT. orné d'un paon. Ancienne faïence de Rhodes.

Diam., 35 cent.

230   491 — PLAT. orné d'un navire. Ancienne faïence de Rhodes.

Diam., 30 cent.

       492 — PLAT. tulipes et pivoines. Ancienne faïence de Rhodes.

Diam., 29 cent.

135   493 — PLAT. tulipes et œillets. Ancienne faïence de Rhodes.

Diam., 31 cent.

15   494 — PLAT. palmettes et tulipes sur fond vert. Ancienne
faïence de Rhodes.

Diam., 29 cent.

175   495 — PLAT. orné d'un oiseau, marli à motifs réguliers. Ancienne faïence de Rhodes.

Diam., 26 cent.

496 — PLAT, motif rayonnant en bleu. Ancienne faïence de Rhodes.

Diam., 30 cent.

497 — PLAT, tulipes et dahlias, marli à fleurs. Ancienne faïence de Rhodes.

Diam., 27 cent.

498 — PLAT, orné de branches fleuries. Ancienne faïence de Rhodes.

Diam., 31 cent.

499 — PLAT, orné d'une palmette et de fleurs. Ancienne faïence de Rhodes.

Diam., 30 cent.

500 — PLAT, décoré d'une palmette, de tulipes et de pivoines. Ancienne faïence de Rhodes.

Diam., 31 cent.

501 — PLAT, décoré de branches fleuries symétriques. Ancienne faïence de Rhodes.

Diam., 35 cent.

502 — PLAT orné d'une cafetière, marli à motifs réguliers. Ancienne faïence de Rhodes.

Diam., 30 cent.

503 — PLAT orné de branchages fleuris entrelacés. Ancienne faïence de Rhodes.

Diam., 30 cent.

504 — PLAT décoré de feuillages et de pivoines symétriques. Ancienne faïence de Rhodes.

Diam., 30 cent.

505 — PLAT orné d'un motif rayonnant. Ancienne faïence de Rhodes.

Diam., 30 cent.

506 — PLAT orné de rosaces vermiculée-. bordées d'entrelacs en
vert. Ancienne faïence de Rhodes.

Diam., 25 cent.

507 — PLAT orné de tulipes et de pivoines. Ancienne faïence
de Rhodes.

Diam., 29 cent.

508 — PLAT présentant trois animaux dans un médaillon.
Ancienne faïence de Rhodes.

Diam., 26 cent.

509 — PLAT creux orné d'une petite rosace dans un médaillon
bordé de motifs irréguliers émaillés rouge. Ancienne faïence
de Rhodes.

Diam., 29 cent.

510 — PLAT orné de branches fleuries. Ancienne faïence de
Rhodes.

Diam., 27 cent.

511 — PLAT orné de feuilles et de fleurs. Ancienne faïence de
Rhodes.

Diam., 23 cent.

512 — PETIT CORNET de pharmacie orné d'un buste. Ancienne
faïence de Venise.

Haut., 18 cent.

513 — PETIT CORNET de pharmacie orné d'un médaillon-buste.
Ancienne faïence italienne.

Haut., 18 cent.

514 — DEUX CORNETS décorés de trophées et médaillons.
Ancienne faïence de Castel-Durante.

Haut., 30 cent.

515 — DEUX CORNETS décorés de bustes et feuillages en ancienne
faïence de Faenza.

Haut., 29 cent.

200

516 — DEUX CORNETS ornés de médaillons, fond bleu à feuillages. Ancienne faïence italienne.

Haut., 32 cent.

517 — DEUX CORNETS décorés de rinceaux en bleu. Ancienne faïence italienne.

Haut., 28 cent.

518 — VASE orné d'une armoirie avec feuillages en bleu. Ancienne faïence italienne.

Haut., 32 cent.

295

519 — DEUX CRUCHES de pharmacie avec couvercles, paysages animés. Ancienne faïence italienne.

Haut., 35 cent.

135

520 — VASE décoré de rinceaux et d'une armoirie en relief. Ancienne faïence italienne.

Haut., 35 cent.

105

521 — FONTAINE décorée de personnages et de mascarons, en ancienne faïence italienne.

Haut., 40 cent.

522 — GRAND VASE orné d'une figure de sainte femme. Ancienne faïence italienne.

Haut., 50 cent.

260

523 — GRAND VASE décoré d'un paysage en bleu. Faïence hollandaise.

Haut., 48 cent.

270

524 — CRUCHE ornée des bustes des électeurs d'Empire. Ancien grès brun de Raeren.

Haut., 37 cent.

140

525 — CRUCHE ornée de deux médaillons. Ancien grès brun de Frechen.

Haut., 32 cent.

BOIS SCULPTÉS

526 — Deux bouts de poutres en bois sculpté et peint, présentant l'aigle de saint Jean et le lion de saint Marc. xve siècle.

Larg., 22 cent.

527 — Petit panneau en bois sculpté aux armes de France. Fin du xve siècle.

Haut., 30 cent.

528 — Fragment d'arcature en bois sculpté à décor de motifs gothiques. Commencement du xvie siècle.

Haut., 1 m. 50; larg., 45 cent.

529 — Deux petits panneaux à fenestrages gothiques, en bois sculpté, commencement du xvie siècle.

Haut., 48 cent.

530 — Deux frises en bois sculpté, décorées de rinceaux et de grotesques. xvie siècle.

Haut., 24 cent.; long., 1 m. 68.

531 — Petite console-support en bois sculpté, ornée d'une statuette de guerrier. xvie siècle.

Haut., 22 cent.

532 — Miséricorde en bois sculpté, ornée d'une tête d'homme. xvie siècle.

Haut., 25 cent.; larg., 50 cent.

533 — Figure d'applique en bois sculpté, sainte Véronique. xvie siècle.

Haut., 32 cent.

534 — Deux bas-reliefs sans fond, formés chacun d'un dragon. Bois, xvie siècle.

Larg., 60 cent.

535 — Statuette, en bois sculpté, de personnage debout vêtu d'un manteau et coiffé d'une toque. XVIe siècle.

Haut., 89 cent.

536 — Statuette en bois sculpté, peint et doré, représentant une femme assise tenant un livre ouvert. XVIe siècle.

Haut., 60 cent.

537 — Figure d'applique en bois sculpté, représentant une femme, les bras croisés. XVIe siècle.

Haut., 40 cent.

538 — Petit panneau en bois sculpté, orné d'un médaillon buste encadré de grotesques. XVIe siècle.

Haut., 26 cent.; larg., 18 cent.

539 — Figure d'applique en bois sculpté, représentant un personnage debout, amplement drapé et tenant un livre sous le bras gauche. XVIe siècle.

Haut., 46 cent.

540 — Figure d'applique présentant un saint personnage assis, portant un long phylactère. Bois sculpté avec traces de dorure. XVIe siècle.

Haut., 27 cent.

541 — Haut-relief en bois sculpté et peint, représentant un lit. XVIe siècle.

Haut., 12 cent.; larg., 28 cent.

542 — Panneau en bois sculpté, présentant sous une arcade une sainte martyre vue à mi-corps. XVIe siècle.

Haut., 65 cent.; larg., 55 cent.

543 — Frise en bois sculpté, rehaussé de dorure, décorée de rinceaux, de mascarons et de deux chimères. XVIe siècle.

Haut., 21 cent.; larg., 1 m. 15.

221 544 — **Deux panneaux** en bois sculpté : cartouches décorés de figures d'enfants, de mascarons et d'un personnage couché au centre. XVIe siècle.

Haut. et larg., 39 cent.

102 545 — **Panneau** en bois sculpté, présentant un buste d'homme de profil, dans un médaillon. XVIe siècle.

Haut., 70 cent.; larg., 46 cent.

100 546 — **Petit panneau** en bois sculpté, à sujet tiré de la légende de Vénus. XVIe siècle.

Haut. et larg., 29 cent.

1.150 547 — **Buste-reliquaire** en bois sculpté et peint : sainte femme portant un long voile. XVIe siècle.

Haut., 58 cent.

548 — **Fragment** en bois sculpté, présentant un cavalier se préparant à franchir une porte. Fin du XVIe siècle.

Haut., 28 cent.; larg., 20 cent.

549 — **Montant** en bois sculpté, orné d'un mascaron et d'un personnage à mi-corps. Fin du XVIe siècle.

Haut., 67 cent.

550 — **Applique** en bois sculpté, formée d'une gaine surmontée d'une figure d'ange. Fin du XVIe siècle.

Haut., 49 cent.

551 — **Cariatide** d'homme en bois sculpté, de la fin du XVIe siècle.

Haut., 65 cent.

552 — **Médaillon** rond armorié. Bois sculpté. Fin du XVIe siècle.

Diam., 25 cent.

553 — **Petite frise** en bois sculpté : mascaron et grappes de raisin. Fin du XVIe siècle.

Haut., 12 cent.; larg., 86 cent.

554 — Bas-relief en bois sculpté, présentant un combat de guerriers antiques. Fin du xvi⁰ siècle.

Haut., 45 cent.; larg., 94 cent.

555 — Deux portes de meuble en bois sculpté, présentant chacune un buste en haut-relief. Fin du xvi⁰ siècle.

Hauteur et largeur, 38 cent.

556 — Deux petits panneaux en bois sculpté, feuillages crispés et animaux. Fin du xvi⁰ siècle.

Haut., 52 cent.

557 — Petit panneau en bois sculpté, à médaillon-buste. Fin du xvi⁰ siècle.

Haut., 45 cent.

558 — Deux vantaux de portes d'armoire, en bois sculpté, à décor de dieux marins. Fin du xvi⁰ siècle.

Haut., 81 cent.

559 — Deux petits chapiteaux de pilastres en bois sculpté, ornés chacun d'un buste. Fin du xvi⁰ siècle.

Haut., 18 cent.

560 — Deux devants de tiroirs en bois sculpté : médaillons, bustes et grotesques. Fin du xvi⁰ siècle.

Larg., 30 cent.

561 — Cul-de-lampe en bois sculpté, à figures d'enfants. Fin du xvi⁰ siècle.

Haut., 33 cent.

562 — Panneau en bois sculpté, mascaron et grotesques. Fin du xvi⁰ siècle.

Haut., 1 m. 10 ; larg., 39 cent.

563 — Deux petits panneaux carrés en bois sculpté : bustes et feuillages. Fin du xvi⁰ siècle.

Haut. et larg., 14 cent.

564 — **Deux panneaux** en bois sculpté : Samson et le lion, et sujet mythologique, disposés chacun sous une arcade. Fin du xvie siècle.

Haut., 84 cent.; larg., 71 cent.

565 — **Deux appliques** formées chacune d'une volute surmontée d'un buste de femme. Bois sculpté. Fin du xvie siècle.

Haut., 42 cent.

566 — **Christ** en bois sculpté. xviie siècle.

Haut., 34 cent.

567 — **Pied de meuble** : lion en bois sculpté. xviie siècle.

Long., 55 cent.

568 — **Haut-relief** en bois sculpté, orné d'une tête humaine. xviie siècle.

Haut., 32 cent.

569 — **Deux chapiteaux** de pilastres en bois sculpté : têtes de chérubins et guirlandes. xviie siècle.

Haut., 15 cent.; larg., 18 cent.

570 — **Fragment** en bois sculpté : fleurs et animaux. xviie siècle.

Haut., 10 cent.; larg., 21 cent.

571 — **Frise** en bois sculpté, décorée de feuillages. xviie siècle.

Haut., 14 cent.; long., 80 cent.

572 — **Panneau** en bois sculpté, saint Pierre et saint Paul. xviie siècle.

Haut., 55 cent.; larg., 48 cent.

573 — **Tête-applique** d'enfant, en bois sculpté. xviie siècle.

Haut., 15 cent.

574 — Tête d'évêque, en bois sculpté. xviie siècle.

Haut., 38 cent.

575 — Panneau octogone, en ébène sculptée : sujet mythologique. xviie siècle.

Haut., 45 cent.

576 — Deux autres plus petits, même époque.

Haut., 25 cent.

577 — Panneau en bois sculpté à coquilles, rinceaux et fais-
ceaux de baguettes. Époque Régence.

Haut., 72 cent.; larg., 30 cent.

SCULPTURES — OBJETS VARIÉS

578 — Statuette en marbre blanc. Hercule enfant couché.
xviie siècle.

Larg., 55 cent.

579 — Deux statues, petite nature, en marbre blanc, représentant l'une une sainte femme, l'autre un apôtre. xviiie siècle.

Haut., 1 m. 35.

580 — Deux aiguières simulées, en marbre blanc, ornées chacune d'un triton et d'une tête de dauphin.

Haut., 76 cent.

581 — Baromètre-thermomètre, en bois doré du temps de
Louis XVI.

Haut., 90 cent.

582 — Bas-relief en cuir repoussé. Pieta. Encadré.

Haut., 10 cent.

583 — Fontaine, munie d'un déversoir et de deux anses. Ancienne dinanderie.

Haut., 50 cent.

584 — GRAND BRASERO, en cuivre jaune avec couvercle repercé, anses godronnées et pieds à feuillages, travail espagnol.

Haut., 90 cent.; diam., 1 mètre.

585 — SEAU en laiton.

Diam., 20 cent.

586 — FONTAINE en laiton, à anse trilobée.

Diam., 23 cent.

587 — RÉCHAUD en cuivre rouge.

Haut., 15 cent.

588 — BOUILLOIRE en dinanderie.

Haut., 12 cent.

589 — CRUCHE en cuivre rouge.

Haut., 40 cent.

590 — VASQUE en cuivre rouge.

Larg., 45 cent.

591 — SEAU en dinanderie, orné de deux petits bustes.

Haut., 17 cent.

592 — BRAS-APPLIQUE en dinanderie.

Haut., 17 cent.

593 — VASQUE ovale godronnée, en cuivre rouge.

Larg., 55 cent.

594 — FONTAINE-APPLIQUE ET BASSIN en cuivre rouge.

Larg., 35 cent.

595 — GRANDE BOITE ronde en cuivre rouge.

Haut., 32 cent.

596 — GRAND VASE à deux anses en cuivre.

Haut., 68 cent.

597 — VASE ovale à feuillages et godrons, en cuivre rouge repoussé.

Larg., 60 cent.

598 à 604 — TREIZE PLATS variés en dinanderie. (Seront divisés.)

605 — Potence porte-lumière en fer peint, à feuillages et volutes. XVIIᵉ siècle.

Larg., 39 cent.

606 — Porte-lumière en forme de potence, en fer, du XVIIᵉ siècle.

Larg., 58 cent.

607 — Potence en fer, à feuillages, du XVIIᵉ siècle.

Long., 60 cent.

608 — Grande potence en fer du XVIIIᵉ siècle.

609 — Petite potence en fer de même époque.

610 — Deux crémaillères.

611 — Grille munie d'une petite porte. Décor de volutes.

Haut., 1 m. 63; larg., 97 cent.

612 — Grille de foyer à décor de feuillages.

Larg., 1 mètre.

613 — Crémaillère en fer.

614 — Hallebarde à fer gravé.

Long , 2 m. 60.

615 — Six contre-cœurs en fonte du XVIIIᵉ siècle.

616 — Lanterne orientale en cuivre ajouré.

Haut., 60 cent.

617 — Bouteille en cuivre gravé avec incrustations, décor de fleurs. Travail persan.

Haut., 25 cent.

618 — Coupe en forme de bateau en bronze étamé. Travail persan.

Larg., 25 cent.

619 — Coupe en bronze gravé, personnages, animaux et inscription. Travail persan.

Diam., 22 cent.

620 — Seau à anse, en cuivre gravé, personnages et animaux. Travail persan.

Haut., 18 cent.

621 — Miroir dans un cadre, en métal repoussé. Travail turc.

Haut., 43 cent.

PENDULES — BRONZES

622 — Pendule sur socle-applique, en marqueterie de cuivre sur écaille, garnie de bronzes : chutes, figure de Renommée, bas-relief, etc. Époque Louis XIV.

Haut., 1 m. 35.

623 — Bas-relief applique en bronze, à figure de femme, d'époque Régence.

Haut., 22 cent.

624 — Pendule sur socle-applique, plaquée de corne verte et garnie de bronzes à rocailles, avec bas-relief à sujet tiré des Fables de la Fontaine. Cadran signé : *J^{ques} Boucher, H^{ger} de l'Observatoire, à Paris*. Époque Louis XV.

Haut., 1 m 30.

625 — Pendule sur socle-applique, plaquée d'écaille et garnie de bronzes : encadrements à rocailles, figure d'amour, dragons, etc. Époque Louis XV.

Haut., 75 cent.

626 — Cartel en bronze doré, surmonté d'un vase et décoré de mascarons et de guirlandes. Cadran signé : *Ageron, à Paris*. Fin de l'époque Louis XV.

Haut., 85 cent.

627 — **Cartel** en bronze doré, orné d'un vase et de têtes de boucs. Cadran signé : *Demonchanin à Paris*. Époque Louis XVI.

Haut., 77 cent.

628 — **Pendule** en marbres blanc et noir et bronze, à mouvement porté par deux pilastres, ornés de chimères et de cariatides. Cadran signé : *Gaudet, à Paris*. Fin du xviiie siècle.

Haut , 65 cent.

629 — **Cage-horloge** en cuivre. Travail hollandais de la fin du xviiie siècle.

Haut., 37 cent.

630 — **Pendule** à mouvement compris entre quatre colonnettes, en marbre bleu turquin. Époque Empire.

Haut., 50 cent.

631 — **Bougeoir** en cuivre. Commencement du xixe siècle.

Diam., 12 cent.

632 — **Deux flambeaux** à triple buste de femme. Bronze doré. Commencement du xixe siècle.

Haut., 29 cent.

633 — **Deux flambeaux** en bronze à décor de feuillages. Époque Restauration.

Haut., 34 cent.

634 — **Deux candélabres** à sept lumières en bronze, de style antique. Époque Restauration.

Haut., 74 cent.

635 — **Pendule** en bronze à mouvement compris entre quatre colonnettes, surmontées d'un entablement. Époque Restauration.

Haut., 60 cent.

MEUBLES — VITRINES

600

636 — Dressoir en bois sculpté, orné de panneaux gothiques à fenestrages.

> Haut., 1 m. 40 ; larg., 97 cent.

1,55

637 — Coffre en bois sculpté, orné de quatre figures d'apôtres. XVIe siècle.

> Haut., 83 cent. ; larg., 1 m. 15.

638 — Petit coffre en bois sculpté, orné de deux bustes de personnages. Fin du XVIe siècle.

> Haut., 50 cent. ; larg., 88 cent.

300

639 — Coffre transformé en armoire basse, décoré d'une figure de femme, de feuillages et de colonnettes. Fin du XVIe siècle.

> Haut., 82 cent. ; larg., 1 m. 24.

3,35

640 — Dressoir, orné de colonnettes cannelées, en partie de la fin du XVIe siècle.

> Haut., 1 m. 45 ; larg., 1 m. 03.

700

641 — Meuble à deux corps en bois sculpté, à moulures et pilastres, du commencement du XVIIe siècle.

> Haut., 1 m. 80 ; larg., 1 m. 37.

860

642 — Dressoir en bois sculpté à deux portes et un tiroir ; décor de pilastres et godrons. Commencement du XVIIe siècle.

> Haut., 1 m. 50 ; larg., 1 m. 23.

210

643 — Meuble à quatre portes et deux tiroirs, plaqué d'ébène, gravée et guillochée. XVIIe siècle.

> Haut., 1 m. 80 ; larg., 1 m. 32.

510

644 — Table à un tiroir en bois et racine, pieds colonnettes unies. XVIIe siècle.

> Larg., 92 cent.

645 — Commode en bois de violette à quadrillés, garnie de bronzes, dessus de marbre. Époque Régence.

> Larg., 1 m. 17.

646 — Deux fauteuils en bois sculpté du temps de Louis XV. Ils ont été recouverts de panne rouge.

647 — Commode à deux tiroirs, en bois de placage et dessus de marbre. Fin de l'époque Louis XV.

> Larg., 80 cent.

648 — Commode à trois rangs de tiroirs, en bois de placage à filets. Garniture de cuivres, dessus de marbre gris. Époque Louis XVI.

> Larg., 1 m. 30.

649 — Table-bureau à trois tiroirs, en bois de placage, du temps de Louis XVI. Garniture de bronzes modernes.

> Larg., 1 m. 30.

650 — Table-bureau avec tiroirs, en acajou. Époque Louis XVI.

> Larg., 1 m. 10.

651 — Armoire normande ouvrant à deux portes, en acajou sculpté : fleurs et oiseaux, xviiie siècle.

> Haut., 2 m. 55 ; larg., 1 m. 45.

652 — Commode à deux tiroirs, en bois de placage et bronzes. Dessus de marbre.

> Larg., 70 cent.

653 — Petite commode à deux tiroirs, en marqueterie de bois de couleurs à fleurs, garnie de bronzes. Dessus de marbre.

> Larg., 63 cent.

654 — Deux miroirs dans des cadres en bois sculpté et doré, à rocailles.

> Haut., 90 cent.

655 — GLACE dans un cadre en cuivre gravé à inscriptions, de travail persan.

Haut., 1 m. 10.

656 — GRANDE VITRINE de milieu en fer et glace, à corps central droit, entouré de vitrines plates. Pied support en bois noir.

Haut., 2 m. 04 ; larg., 3 m. 52 ; prof., 1 m. 10.

657 — VITRINE murale en fer et glaces, sur soubassement en bois noir, formant armoire.

Haut., 2 m. 60 ; larg., 2 m. 55 ; prof., 67 cent.

TAPISSERIES

658 — QUATRE TAPISSERIES flamandes de la fin du XVIᵉ siècle, à sujets de chasse sur fond de verdure, avec bordure à personnages.

Haut., 3 mètres.

659 — TAPISSERIE verdure avec animaux, du XVIᵉ siècle.

Haut., 3 mètres.

660 — DEUX BANDEAUX ornés chacun d'un médaillon entouré de fruits. Tapisserie flamande du XVIIᵉ siècle.

Haut., 55 cent. ; larg., 2 m. 70 et 1 m. 55.

661 — TAPISSERIE en deux parties, présentant une vue de jardin avec habitations au second plan. Flandres, XVIIᵉ siècle.

Haut., 2 m. 35 ; larg., 2 m. 80.

662 — TAPISSERIE verdure flamande du XVIIIᵉ siècle, avec cours d'eau, habitations, pont rustique et animaux, etc. Bordure de fleurs et fruits.

Haut., 2 m. 75 ; larg., 1 m. 45.

663 — TAPISSERIE verdure flamande du XVIIIᵉ siècle. Bordure de fleurs et oiseaux sur fonds bleu et jaune.

Haut., 2 m. 75 ; larg., 4 m. 40.

664 — TAPISSERIE verdure avec rivière ; bordure de fleurs sur fonds marron et jaune. Flandres, xviiie siècle.

Haut., 2 m. 75 ; larg., 4 m. 20.

665 — TAPISSERIE flamande du xviiie siècle en deux parties : verdure avec oiseaux ; buisson de chardons au premier plan. Bordure jaune et marron à fruits et oiseaux.

Haut., 2 m. 75 ; larg. totale, 4 m. 65.

666 — TAPISSERIE flamande du xviiie siècle : verdure avec animaux et habitations. Bordure à vases de fleurs et médaillons.

Haut., 2 m. 95 ; larg., 4 m. 10.

667 — GRANDE TAPISSERIE présentant dans un paysage deux chasseurs et un groupe de paysans avec des brebis. Bordure de feuilles. Aubusson. Époque Louis XV.

Haut., 2 m. 65 ; larg., 5 mètres.

668 — DEUX TAPISSERIES présentant, sur fond de paysage, l'une le jeu du tourniquet, l'autre un paysan et une bergère. Aubusson. Époque Louis XV.

Haut., 2 m. 55 ; larg., 2 m. 60.

669 — DEUX FRAGMENTS DE TAPISSERIE verdure avec bordure de trois côtés à fleurs et feuilles. Flandres, xviiie siècle.

Haut., 2 m. 20 ; larg., 85 cent. et 1 mètre.

670 — FRAGMENT DE TAPISSERIE verdure avec habitations. Flandres, xviiie siècle.

Haut., 2 mètres ; larg., 2 m. 30.

COLLECTION JULES PORGÈS

Objets d'Art et de Curiosité

TAPISSERIES

Galerie Georges Petit
Hôtel [illegible]
[illegible]

M. PAUL CHEVALLIER   M. HENRI BAUDOIN

MM. MANNHEIM